# Dora Heldt

# Wat mi jüst infallt

Plattdüütsch vun Heike Thode-Scheel

Quickborn-Verlag

Die plattdeutsche Schreibweise
ist unverändert von der Übersetzerin übernommen worden.

ISBN 978-3-87651-496-3

Ausgewählte Kolumnen von Dora Heldt
aus „Jetzt mal unter uns“ und „Im Grunde ist alles ganz einfach“
Lizenzausgabe mit Genehmigung der dtv Verlagsgesellschaft, München

Umschlagfoto: Aurora Sylt Georg Supanz, Westerland/Sylt
Umschlaggestaltung: Günter Pump, Nordhastedt
Gesamtherstellung: CPI books GmbH, Leck
*Der Umwelt zuliebe*
*auf chlorfrei gebleichtem Papier gedruckt*
Printed in Germany

# Inhalt

# Dat Kind schrifft nu Kolumnen

Mien Modder hett bi mi anropen. Se wull mi vertellen, dat ehr Kladderroos Lüüs hett. Un wo se nu al dorbi weer, wull se ok noch weten, wat ik denn so maak. Ik heff ehr denn vertellt, dat ik en Kolumne schrieven schall. För en Fruens-Magazin. Un dat ik an't Sineern bün över en Thema. „Aha“, hett se seggt. „Wat is denn en Kolumne?“
„En lütt Geschicht“, weer mien Antwurt. Mien Modder seggt de ganze Kraam wull nix, denn se snackt wieder över ehr Lüüs. De sünd nämlich nu ok in'e Begonien. All'ns vull. Mien Kopp fangt an to kribbeln un dorüm segg ik ehr, dat ik nu keen Tiet mehr heff to'n Telefoneern.
„Ik dink, dat is blots en korte Geschicht“, seggt mien Modder so'n beten füünsch. „Över wat schriffst du egentlich?“
Ik vertell ehr langmödig, dat ik ja noch en Thema söken do. Dat mutt ja ok to en Fruens-Magazin passen.
„En Fruens-Illustreerte?“ Nu is mien Modder aver luukorig wurrn. „Also, över Mood, Sminktipps,

Styling, Koken un so? Dat is ja dull. Denn kannst du di ja ok mal beraden laten. Vunwegen Mode un so. Oder wat för en Diät de Beste is. De kennt sik doch seker dormit ut. Un du kannst noch wat dorto liern. Dat is ja dull. Dor kannst du ja över all'ns schrieven. To'n Bispill . . ."

Se maakt en Paus un ik tööv op kreative Vörsläge. Aver nix. Dorför höör ik jüst noch, wie se ehr Naversche Heidi vertellt, dat dat Kind en Fruens-Illustreerte kennt un sik beraden lett. Heidi nuddelt jichtenswat vun Tricks bi't Anplünnen un vun Lippenstifte, de den helen Dag holln doot. Un mien Modder fraagt mi natürlich sofort, ob ik denn ok fotografeert warr. Ik maak ehr kloor, dat ik keen Model bün, sünnern blots en Kolumne schrieven mutt. Se hööört aver gor nich mehr to un vertellt Heidi, dat ik veel to oft Swart dregen würr. Wat mi ja blass maken würr. Aver villicht würr ik ja nu endlich op de Fachlüüd höörn un mi ok mal wat Geeles oder Rodes köpen.

„Geel steiht di goot, Kind, mit dien dunkle Hoor."

Ik verklookfidel ehr noch mal, dat ik keen Model bün, denn ik weet ja nich, ob se mi överhaupt tohöört hett. Aver dat is ehr mal wedder schietegal. Ik schall lever mal kieken, ob dat düt Johr wedder düsse schönen Nagellacke geven deit, „du weetst doch, düsse Pastellfarven, de ik so geern mag."

Ik versöök dat mal luder, villicht hölpt dat: „Mama, ik schriev en Kolumne, ik warr nich nieg stylt un ik söök ok keen Nagellacke ut. Ik schriev blots wat."

„Ja, Minsch, bölg doch nich so." Nu warrd ehr Modder-Stimm doch wat sachtmödiger: „Du muttst deswegen doch nich nervös warrn. Weetst du denn al, över wat du schrieven willst?"

Ik bün trech mit'e Welt un swiester blots noch, dat ik en Thema söken do, dat interessant is un passend för en Fruens-Magazin.

„Denn maak doch wat över Lüüs op Kladderrosen." Mien Modder is nu rein ut'e Tüüt. „Dat finndt vele Fruens interessant un villicht kriggst du denn ja ok Leserbreev mit Tipps, wie een mit düsse Beester trech warrn kann. Un wenn du dor en bruukbore Methood funnen hest, denn stüer se mi man glieks to."

Se leggt op. Ik kiek so stier op mien lerrige Siet. Lüüs. Na goot. Denn warr ik mi mal klook maken. Un wenn du villicht en Idee hest, üm Kladderrosen to redden, man to! Üm den Nagellack vun mien Modder, dor kümmer ik mi denn.

# Ik kann nix to'n Antrecken finnen

Anna un ik wüllt shoppen gahn. Wi sünd nämlich to en Hochtiet inlaadt un sünd nu an't Sineern, wat wi antrecken köönt. Dat schall ganz nobel fiert warrn. Avendkledaasch weer also nich slecht. Nu is dat aver so, dat ik in de letzten Johrn kuum Gelegenheit harr, en Avendkleed to drägen. Nix vunwegen Opernbälle, keen grote Feste un Fiern. Mit Jeans un Bluus weer ik jümmers passend antrocken.
Un nu en Hochtiet. Ik heff ja en Avendkleed. Man dat is achtein Johr old, düsterblau mit witte Pailetten an'e Arms un an' Utsnitt. Un Schullerpolster hett dat ok noch. Un dorvun mal af is dat Grötte 36. So weer dat nu mal vör achtein Johr. Mien Swester wull mi ehrn swarten Hosen-Antog lehnen, man dat will ik nich. Ik seh mi ehrer in Rood oder Gröön, geern Chiffon, mit en Rock, de hin- un herflegen deit un mit en deep Utsnitt.
Mien Fründin Anna stellt sik dat anners vör. Aver ik hööor ehr nich to un loop begeistert an de

Klederstangen in'e Hamborger Innenstadt lang. Meter för Meter. Dat eerste Kleed is achter to eng, dat tweete to wenig rood un baven to eng, dat drütte smitt an' Achtersen Falten un in't veerte seh ik ganz anners ut, as ik mi dat so vörstellt heff. Meist so as Tante Ilse op ehr Gollen Hochtiet.

Un överhaupt – keeneen Kleed süht so ut as op'n Bügel. De Verköpersche meent, dat ik wull nich de Typ för Avendkledaasch bün. Anna kann sik för Lachen nich mehr holln un verswinndt in en vun'e Kabinen. In'e Hand hett se en sülvern Büx. Duert nich lang, dor kümmt se wedder rut un muult, dat se op keen Fall twee Nummern grötter dregen will as vör de Geburt vun ehr Kinner. Ehr blauen Samtrock hett en Gummiband un en Hochtiet würr de wull ok noch överstahn. Se muster mi vun Kopp bit Foot in de gröne Klederwust, de ik anheff un schüddel den Kopp.

„Op gor keen Fall", pruust se los un knippt mi in de Hüft rin. „De dinkt doch, du willst en lustigen Sketch in dat Kostüm bringen. Treck dat blots ut!"

Wi gaht bedröft ut dat Geschäft rut. Wi finndt uns beide to dick un wüllt nu nächsten Maand wedder to'n Sport gahn. Dat nehmt wi uns fast vör.

Twee Hüser wieder is en Parfümerie. De schminkt hüüt ehr Kundinnen för ümsünst. De Fru, de mi en Avend-Make-up verpassen deit, heet Heike. Un se finndt mien Huut un mien Ogen ganz wunnerbor. Nu heff ik Wind op'n Rüch un kööp mi glieks den sündhaft düren Lippenstift un den bruun Lidschatten, womit se mi jüst mien Ogen wat grötter tövert hett. Anna is ok Füer un Flamm. Ehr Ogen sünd lüchtenblau, ehr Lippen düsterrood, se treckt ehr Geldbüdel un wi treckt los mit luder lütte Tüten in'e Hannen un sünd eenfach blots glücklich. Uns Shopping-Tour weer en echten Erfolg un wi sünd perfekt schminkt. Un üm den Dag noch so richtig to fiern, gaht wi to den besten Italiener in uns Stadt un bestellt uns Trüffeltortellini mit Salbeibodder. Denn wi mööt ja nu nix mehr anprobeern. De Mannslüüd mööt uns doch bi düsse schönen Ogen nich op'e Hüft kieken.

De Hosenantog vun mien Swester, de sitt tadellos un mit den knallroden Lippenstift süht he sogor noch wat festlicher ut. Annas Ogenfarv passt nipp un nau to ehrn blauen Samtrock. Wi warrd op düsse Hochtiet ganz besünners schick utsehn. Ik bün eenfach nich de Typ för Avendkledaasch. Dat meent Anna ok. Man wenn wi nu nächsten Maand wedder to'n Sport gaht un de Kohlenhydrate weglaat, denn kunnen wi de Saak mit de Chiffonkleder ja noch mal in' Sommer utprobeern. In' August heiraadt nämlich uns Fründin Katrin.

# De Dings, du weetst doch . . .

Annerletzt weer dat Wedder so slecht un op de Autobahn weern so vele Busteden, dat ik mal mit den Tog to mien Söten fohrt bün. Ik harr en Platzkort an en Veerer-Disch, en niegen Krimi in’e Tasch un wull egentlich mien Roh hebben. Dorüm weer ik nu ok gor nich so begeistert, as sik twee Fruenslüüd vis á vis hinsetten dän. Un dat, ofschoonst de Grootruumwagen doch leddig weer. Aver goot. Fruens sünd so, de sett sik geern mal dorto.

Ik heff denn mien Book opklappt un bün anfungen to lesen. Man ik müss eenfach bi de Beiden toluschern. Se hebbt sik aver ok luud un vull Freud ünnerholln. De en vun’e Beiden heet Jutta, de anner Silke. Jutta hett denn Silke eerstmal vun all de Bumaßnahmen an ehr Huus vertellt. Un denn weer Silke an’e Reeg. Nipp un nau wüss de so allerlei vun ehr pubertierende Dochter to vertellen. Aver denn keem mien Lieblingsdialog:

„Ik heff güstern Dings drapen, wie heet de noch? Du weetst doch, de Dings . . .“

„Dings?“
„Na, de Dings, de mit dat Oog un den Mann, de harr doch . . . wie heet de noch, düsse Firma . . .“
„Ach, ik weet, de Dochter weer doch so . . .“
„Genau. En ganz Smucke, aver de Fründ, dat weer doch de Söhn vun . . ., de hebbt baven wahnt.“
„De Söhn hett de Aptheek övernohmen.“
„Wohrhaftig? Dull.“
„Un wat is nu mit . . . meenst du, ik kaam op den Naam?“
„Ik ok nich. Aver se hett em den Looppass geven.“
„Ach, dat würr aver ok Tiet. De is en afsünnerlich Typ.“
Ik heff so doon, as wenn ik lees. Man ik weer echt gespannt, ob Silke noch vertellen würr, wat mit dat Oog vun Dings weer un mit de ehrn Mann un ehr smucke Dochter. Man dor keem nix mehr na. Se hebbt sik blots noch tonickt un denn ehr Tietschriften ut'e Tasch ruthoolt.
Mien Söten hett mi an‘ Bahnhoff afhoolt. Ik heff mi bannig freut, em to sehn un he hett sik ok freut. He wull denn weten, wie mien Reis weer un mien letzte Week un hett mi vun't Lokal vertellt, wo he en Disch reserveert hett. As wi an't Auto

weern, full mi in, dat ik güstern en ehemaligen Kollegen vun em drapen harr. Also heff ik mi dat kommodig maakt op'n Bifohrersitz, heff mien Hand op sien Knee leggt un em dorvun vertellt: „Ik heff annerletzt Dings drapen, wie heet de noch? Du weerst doch mit em in'e Redakschoon tosamen. De mit den hellen Mantel. Mit de Knööp. So'n ganz Netten."

Mien Söten hett mi ganz verbaast ankeken: „Keen Ahnung. Ik kenn keeneen mit'n hellen Mantel. Schnallst du di bitte an?"

Männichmal glööv ik, dat Fruens en ganz anner Kommunikations-System hebbt.

# Bikini oder Baadantog

Is di egentlich mal opfullen, wovele Wöör dat mit den Begriff „Bikini“ gifft? Bikinizone, Bikinifigur, Bikinidiät – jedeen Fröhjohr dükert se wedder op, düsse Woortschöpfungen. De Baadmood in twee Deele is al 1900 erfunnen wurrn. Un twaars för de Freiköperkultur. 1920 hebbt se Fruenslüüd, de sowat anharrn, noch fastnohmen vunwegen „Erregung öffentlichen Ärgernisses“. Keen Fru lett sik geern in’t Kaschott bringen, dorüm is düsse Mood ok so vör sik hindümpelt. Bit 1946. Dor kreeg se en Naam. Nämlich Bikini. Na den Naam vun en Marshallinsel, wo se in desülvige Tiet mit Kernwaffen rümexperimenteert hebbt. Dat weer wull en slecht Teken, denn de dore Bikini hett sik jümmers noch nich dörchsetten kunnt. Dor müss eerst Ursula Andres 1960 as Bond-Girl in‘ knappen Bikini ut‘ Water stiegen. Un denn keem düsse Mood so peu á peu in’t Rullen.

Un nu fraag ik mi eernstaftig, ob düsse twee Stücke Stoff, de so vele Probleme maakt hebbt, würklich en Segen för uns Fruenslüüd sünd. Mien Fründin Nele jault bi't Wachsen vun ehr Bikinizone, Anna hungert mit slechte Luun bi de Bikinidiät un Millionen vun Fruens sünd sik unseker, ob se de richtige Bikinifigur hebbt. Se staht denn mit so'n Stück Nix op'e winterwitte Huut in en lüerlütte Ümkleedkabin mit gräsige Neonröhren un fraagt sik, ob se sik düssen Sommer överhaupt an' Strand truun schüllt. Kuum en Fru süht op Anhieb so ut as Halle Berry – nich vör un ok nich na de Bikini-Diät. Een hett to veel oder to wenig Boss, to veel oder to wenig Hüft. To lange oder to korte Been. Bikinis anprobeern maakt echt jedeen Fru toschann. Vör allen Dingen vunwegen de witte Huut. Denn een mutt ja den Bikini unbedingt vör de Baadsaison köpen.

Ik tööv also jedeen Johr op de vermaledeiten Anrope vun Anna un Nele, de sik wedder op de suer Söök na den passen Bikini maken mööt. Jedeen Johr sünd se heel verbaast, dat ik so sinnig bliev. Dorbi is dat ganz eenfach. Ik treck keen Bikini an. Nienich. Ik seh nämlich nich ut as Ursula Andres. Un ik weer ok jümmers al dorgegen, dat Fruenslüüd an' Strand fastnohmen warrd un gegen de doren Kernwaffentest op

Inseln bün ik ok. Ik gah eendeelig in't Water. Swart. Ahn Husch un Gnusch. Dor fallt denn ok nich op, dat de Bossen to lütt is un de Been to kort. Un dat ik jümmers noch nich so genau weet, wat en Bikinifigur is un wie ik en kriggt.

## Niestart in‘ Joggingantog

Hüüt heff ik mi niege Sportschoh köfft. De Verköper harr en Schild, wo op stünn, dat he „Dennis“ heet. He seh ut as en Ünnerwäschemodel, weer söötsnutig un hett mi dat Geföhl geven, dat ik wat ganz Alldägliches do. He geev mi en Schohlepel un hett diskret wegkeken, as ik mit hochroden Kopp an’t Stöhnen weer, wieldat ik al bi’t Anprobeern en Krampf in’e Tähn kreeg. De Krampf duerte nipp un nau tein Minuten. In de Tiet hett Dennis bi en anner Kunnin (ok en Ünnerwäschemodel) en Sportshirt afkasseert. Denn keem he trüch un hett mi fründlich fraagt, ob de Schoh denn passen. Ik heff mien Pien överspeelt un de Schoh köfft, üm düsse vermaledeite Saak en Enn to maken. Wenn ik mi en örnlichen Packen Quesenplaaster kööp, denn geiht dat wull.

Wenn du di nu fraagst, worüm ik di dat vertell: Dat sünd mien eerste Sportschoh siet tein Johr. So lang heff ik nämlich keen Sport maakt. Nu mutt ik dor wedder mit anfangen. Denn mien Fründin

Nele (Single, ünnernehmungslustig, mit richtig goden Mootwillen, mit en lüttes Gewichtsproblem un op de Söök na en niegen Partner) hett besloten, dat Anna, se un ik vun‘ nächsten Maand an tweemal de Week in en Fitnessclub traineern warrd – statts jümmers blots in’t Kino to gahn oder to‘n Italiener. As se mi dat verleden Week vertellt hett, heff ik nich so genau hinhöört un ut den Grund ok lichtfardig toseggt. Man nu warrd dat ernst, denn güstern avend müss ik den Verdrag ünnerschrieven. Ünner de scharpen Blicke vun Anna un Nele. Se hebbt mi fastnagelt.
Anna is heelfroh, dat se an twee Avende de Week mal ahn ehr Kinner ünner de Lüüd kümmt. Bavento is se de Sportlichste vun uns Dree un se freut sik, dat se nu nich mehr alleen joggen mutt. Un Nele is natürlich neeschierig, wokeen dor sünst noch so an’t Traineern is. Un se will tominnst fief Kilo afnehmen. Beide meent bavento, dat ik in mien Profeschoon veel to veel rümsitten do un dorvun duernd Rüchweh krieg. Un Tiet, dat meent se, heff ik ok noog. Dorüm gaht wi to Drütt. Tweemal de Week.
Nu fraag ik mi, worüm verdammi noch mal, heff ik mi to düssen Schiet mitsnacken laten? Ik krieg al bi’t Antrecken vun‘e Sportsaken

Krämpfe, bün bang för Loopbänner un mi gruut vör Ünnerwäschemodels, de hier as Fitnesstrainer arbeiten doot. Ik stüer stantepee op en vun'e slimmsten Katastrophen vun mien Leven to. Wenn ik nich al bi't Opwarmen vun den doren Crosstrainer fall, warr ik mi wiss mit jichtenseen Iesenstang, de an jichtenseen Gerät hangt, den Kopp tweihaun. Oder ik warr eenfach op en Matt twüschen luder Lütt-Hanteln in Amidam fallen. Wieldat ik so klöterig bün. Un alle annern kiekt mi to. Dorbi heff ik gor nich so oft Rüchweh, bavento gah ik geern in't Kino un noch wat lever mit Nele un Anna to'n Italiener. Aver dorto warrd wi leider gorkeen Tiet mehr hebben. Wi mööt ja nu duernd to'n Sport. Tweemal de Week. Ik heff nu al Phantompien in mien Muskeln. Ik heff dat ok aflehnt, mi mit Nele tosamen en passen Sportoutfit to köpen. Mi staht keen enge Trainingsbüxen un in enge Shirts seh ik grulig ut. Ik heff mien ole Sportkledaasch nienich wegsmeten. Villicht kann ik de noch antrecken. So ut Protest, versteiht sik. Also, ik warr dat nu doch angahn un mi so richtig dalmaken laten. Un wenn du an düsse Steed in de tokamen Weken mien Kolumne söken deist, denn bruukst du di nich to sorgen. Nele hett för uns eerstmal en Proovverdrag uthannelt. Un wenn ik denn mien Hannen wedder op de Tastatur böörn kann, denn vertell ik di, wie dat weer.

## Dat Geheemnis vun swarte Strickjacken

Ik heff söven swarte Strickjacken in't Schapp. Dree lange, veer korte. Dree mit Kragen, veer ahn. Blots de Farv un dat Material, de sünd liek. Söven swarte Strickjacken. In en Schapp. Un alle mien. Egentlich dreeg ik blots twee dorvun regelmäßig: En lange mit Knööp un en korte mit Rietversluss. De annern hangt so vör sik hin. Dorbi heff ik de alle sülven köfft. Keeneen hett mi dor wat vörsabbelt, keeneen heff ik schenkt kregen. Ik heff se alle sülven betahlt. Un nu fraag ik mi doch: Worüm? Natürli sünd wi uns doch eens, dat Fru dörchut en swarte Strickjack bruken deit, villicht ok twee, vunwegen de verscheden Länge un Form. Aver glieks söven? So vele bruukt natürlich keen Minsch.

Aver de gemeine swarte Strickjack höört nu mal to de Kledaasch, de sik relativ eenfach köpen lett. Üm de antoprobeern, mutt een sik nich eerst in en Ümkleedekabin rinklemmen, de superhell is un en brutalen Spegel hett. Een kann sik dat swarte Deel eenfach överrieten. Dat Bild in' Spegel is nu jüst keen groot Överraschen mehr. Du verfehrst di ok nich vör dien Spegelbild un büst ok nich vertwiefelt. Jedeen Fru kann sik meist vörstellen, wie se in en swarte Strickjack utsehn deit. Un so süht dat denn ok ut.

Ganz anners kann dat lopen, wenn du di en Hosenantog köpen willst. Dat heff ik nämlich annerletzt versöcht. Ik heff mi dat relativ eenfach vörstellt. Ümmerhin gifft dat doch Millionen Fruenslüüd, de in en Hosenantog rümlopen doot un de seht dormit jümmers fein antrocken ut. Dat kunn also nich besünners swoor sien, en passen Deel to finnen. Heff ik tominnst dacht. De Verköpersche hett sik ok würklich Möh geven. Liekers hett entweder blots de Jack passt oder de Büx. Beides tosamen güng nich. En knappe Stünn un söss Antogs later weer ik so daalslaan, dat ik dat Ganze afbraken heff. Mit en slecht Geweten un noch slechtere Luun bün ik denn so dörch'n Laden bummelt. De fründliche Verköpersche harr jümmers en Oog op mi. Un denn miteens bün ik vör en wunnerbor week Deel stahn bleven. Dat müss eenfach passen: en töverhaftig swarte Strickjack. Un de passde op'n Slag.

Dat Strickjacken-Modell dorför weer de Ersatz för en Etuikleed. So en harr ik mal an en Kollegin sehn un funn dat so schön, dat ik övertüügt weer, mi müss dat ok to Gesicht stahn. Dorför heff ik denn en swarte Strickjack funnen, de en beten op Taille sniedert weer un besünners schöne Knööp harr.

Ik wull ja ok geern mal en vun düsse korten Ledderjacken hebben. Dat geev blots en, de bi mi super utsehn dä – aver de weer to düür. Dorför weer de swarte Strickjack mit den dünnen Gürtel total rünnersett. De heff ik denn natürlich mitnahmen.

Mien Fründin Anna hett veertein Paar Sneakers in ehr Schohschapp stahn. Blots wenn een ganz dicht rangeiht, kann een de Ünnerschede sehn. Anna kann se alle klook kriegen. Se markt sik de Modelle jümmers mit Hölp vun de schicken Schoh, de se sik egentlich köpen wull. Vörn spitz. Achter mit ganz hoge Absätze. Geern ok mal rood oder flaschengrööön. Se hett aver nu mal nich de passen Fööt, meent se. Dorför passt de Sneakers allerbest. Ik kenn dat. Bi mi is dat en Hüftproblem. Aver dat kann een ja mit de passen Kleedaasch goot kascheern.

# Haarig Tieden

Mien Fründin Nele hett sik annerletzt mit en potentiell niege Leev drapen. Se hebbt sik in't Internet funnen. Siet dree Weken sünd se an't Schrieven, en paar Mal hebbt se telefoneert un denn wullen se sik to'n Eten drapen. Nele weer sik düt Mal teemlich seker, dat nu en ganz wunnerbar Geschicht anfangen würr. Un dorüm is se ok siegessicher to ehr Date hingahn.
Anna un ik seten in'e Twüschentiet bi Anna in'e Köök un hebbt op en Teken töövt. Dat hebbt wi al öfter so maakt. An düssen Avend keem aver keen Teken, sünnern Nele sülven. Un dat al na twee Stünnen. Un se weer teemlich suer.
Hannes, so heet de potentielle Kandidat, harr nich blots bi sien Grötte tüdelt (he weer in Natur tein Zentimeter lütter), sünnern ok bi sien Öller (tein Johr öller), bi sien Job (keen Kinnerdokter, sünnern Kinnerpleger) un bavento ok noch bi sien Wahnsituaschoon (en ole Wahnung statts Oldbuu-Wahnung). Aver dat Allerslimmste weer, so lamenteer Nele, en ganz anner Saak: „He farvt sik de Hoor.“

Nele harr den Satz mit so'n Gräsen ruthaut, as harr Hannes wat ganz Slimmes in't Restaurant anstellt.
„Stellt ju dat mal vör, farvte Hoor. En Mann! Ik kunn em gor nich ankieken!"
Dormit harr ik nu gor nich rekent. De Hoor? Un wat weer egentlich mit den Rest? Aver Nele bleev dorbi. Se kann nienich wat mit en Mann anfangen, de sik de Hoor farven deit, meen se. Dor würr doch blots noch de güllen Keed fehlen un dat he sien Hemd bit to'n Buuknavel opknöpen würr. Gräsig.
An düsse Steed mutt ik nu mal vertellen, dat Nele ehr Hoorfarv alle halve Johr wesselt. Vun mittelblond över köhliges blond bit hin to ehr aktuelle Farv karamell. Anna is brünett mit rode Strähnen, mien Hoorfarv heff ik nich in' Kopp. De steiht bi mien Frisör Holger op en Karteikoort. Un wieldat ik alle söss Weken en Termin heff, kann he de Nummer vun'e Farv seker utwennig.
Also – ik heff Nele denn fraagt, wo dat Problem is. Wi würrn doch ok alle Nääslang uns Hoorfarv wesseln oder tominnst opfrischen. De Hoorfarv vun'e meisten Fruenslüüd över dörtig kümmt doch ut'e Tube. Un denn müssen de Mannslüüd

doch dat glieke Recht hebben. Nu keek ok Anna böös ut'e Wäsch'. Dat is doch wull nich dat Glieke, lamenteer se. Dat weer doch wull wat ganz anners! Se mag Axels griese Schläfen total lieden un dat weer doch gor nich uttoholln, wenn ehr Mann miteens wedder en Hoorfarv harr as mit söventein. Dor würr doch sien Gesicht gor nich mehr to passen. Dat is ja mal en wagte These. Ik heff kort överleggt, ob Anna dormit meen, dat Nele, se un ik mit uns Gesicht sotoseggen jung bleven sünd. In' Gegensatz to Axel. Also, dat wi jümmers noch dat Gesicht hebbt, wat to uns Hoorfarv vun domals passt. Aver ik bleev trüchhollern, ik wull ja nich strieden. Op de anner Siet bün ik aver ok en ganz gerechten Minschen un will keeneen schaden. Dat is ja statistisch nawiest, dat Mannslüüd jümmers mehr Wert op Pleeg un Kosmetik leggt. Blots bi de Hoor, dor warrd se komisch. Dorbi is mi jüst infullen, dat ik mi in mien Utbillen in en Kollegen verkeken harr, de wunnerschöne Locken harr. Un denn heff ik em bi'n Frisör drapen. He kreeg jüst en Dauerwell un seet dor ünner de dore Trocken-haube, den Kopp vull mit Lockenwickler, in'e Hand en Tietschrift. Un wat schall ik seggen? Dat weer vörbi mit mien Geföhle för em.

Un ik glööv doch, dat Nele suer weer op Hannes, wieldat he mit sien Grötte schummelt hett. He weer wull doch lütter as se. Un dat kann se op'n Dood nich lieden. Un denn noch dat Öller. Villicht hett se de Saak mit'e Hoor ok blots vörschoven. Ik hoff dat tominnst. Wi sünd doch alle so tolerant.

# Is nich all'ns Guld, wat glinstern deit

Is noch nich lang her, dor bün ik mal dörch en Straat gahn, wo se jüst en Film dreiht hebbt. Natürlich bün ik glieks stahn bleven un heff fraagt, üm welkeen Film sik dat hannelt un wokeen dor mitspelen deit. As ik den Naam höör, heff ik all mien Pläne över'n Hupen smeten. Denn mien afsolut leefsten Schauspeler weer hier. De Mann, mit den ik stantepe dörchbrennen würr. Un wenn ik noch en Teenie weer, denn würr sien Bild över mien Bett hangen. Un jüst de weer hier. He speel en Kommissar, de de Welt retten deit. Ik funn dat echt passend un weer gespannt op sien Optritt.

Un denn keem he. Nipp un nau op mi to. Denn de nette Techniker harr en goot Woort vör mi inleggt. Un ik kreeg weeke Knee. Aver nich vör Opregen, sünnern wieldat mien Idol goot een Kopp lütter weer as ik. He güng mi bit to mien Kinn. Höger nich. Un in sien Jeansbüx, dor würr ik nienich rinpassen. So en lütten Achtersen. Blots de Stimm, de weer de glieke. Un de fragwies Blick, as ik mi eenfach ümdreiht heff un afhaut bün. Ahn en Autogramm.

Dat is doch Mist, wenn dien Droom vun'e Welt so ganz anners is as de echte Welt. Mi passeert dat jümmers wedder. Ik seh en Bild oder en Film un beholl dat in mien Achterkopp. Un denn maakt mi de Realität en Streek dörch de Reken. Mien sülvstmakten Kääskoken, de süht to'n Bispill jümmers anners ut as op de Rezept-Biller. Ik heff keen Ahnen, worüm bi de annern jümmers de Rand so schön liek hooch is. Dulle Schoh, de ik mi bestell, seht op de Biller jümmers bequemer ut as se sünd. Blots blöd, wenn een den Schien för't Trüchsennen nich mehr finnen kann. Vele Urlaubsziele sünd wunnerschön. Wenn de Sünn schient oder de Hotels so fotografeert sünd, dat een sofort sien Wahnung künnigen müch, üm alltiets an düssen Ort to leven. Aver wenn een denn na en lange Reis dor ankamen deit, in' Fieselregen, denn fraagt een sik doch, worüm een verdorri noch mal nich eenfach to Huus bleven is. Oder de Warben för innovative Mascara – de Fruens warrd mit anbackte Wimpern fotografeert. Ik heff keen Ahnen, wo lang een sik sünst de egen Wimpern tuschen müss, üm sone Ogen to kriegen. Un mien indiskreten Frisör hett mi jüst verraden, dat de Schauspelerinnen ok nich so schöne Hoor hebbt as de Kosmetikfirmen uns dat wiesmaken wüllt, wenn se ehr nieges Shampoo anpriest. Dat is eben all'ns ganz anners as in't echte Leven, dor gaht een ok de Weltredder blots bit an't Kinn.

Dat vergrellt mi mien Drööm. Aver männichmal tröst dat ok vunwegen: Ik kann doch noch ganz goot mitholln. So veel beter, schöner un steviger sünd de meisten Idole nämlich gor nich. Un dorüm will ik an düsse Steed mien Fotografen Franz gröten, de mi jümmers so överut leeflich fotografeern deit: Du muttst nich glöven, dat mien Ogenpartie in't echte Leven noch so glatt utsüht.

## Nu laat mi doch mal utreden

Mien Leefsten un ik weern annerletzt bi mien Fründin Anna inlaadt. Se harr Geburtsdag un wull grillen. Üm Klock söven schullen wi dor sien. Üm fief Minuten vör söven weern wi eerst trecht. Wi würrn to laat kamen, wat ik op’n Dood nich afkann.

„Hest du den . . .?“, fraag mien Leefsten. „Ja, natürlich“, keem dat stantepee vun mi trüch. Ik weer al op’n Weg to uns Auto. Anna kriggt to jedeen Geburtsdag en Buddel Champagner. Den harr ik al in’e Hand. Ik fraag mi, wo mien Leefsten sien Ogen hett. He hett denn de Döör achter sik totrocken un keem achter mi ran.

An’t Auto hett he mi sien Hand hinholln. Ik heff blots ganz lässig „ik kann de Buddel ok op’n Schoot nehmen. Maak lever dat Auto op“ seggt.

„Ik bruuk den Slötel.“

„Heff ik nich.“

„Ik heff di doch jüst fraagt.“

„Hest du nich. Du hest mi fraagt, ob ik den Champagner mitheff.“

„Heff ik nich. Du hest mi al wedder nich utreden laten.“

Dat weer nu echt argerlich. Denn nich blots de Autoslötel hüng an’t Brett, sünnern ok uns Wahnungsslötel. Bit uns Naversche dor weer, duer dat en ganze Tiet, denn se müss eerst mit’n Taxi vun en Party herkamen, üm uns optoslüten. Mien Leefsten hett mi in de Tiet en Vördrag holln, worüm de Minschen sik nich utreden laten. He meent, dat is respektlos, ungedullig un ahn Maneern. Ik heff em sabbeln laten.

Normalerwies snack ik anner Lüüd nich eenfach dortwüschen. Bit op ganz wenige Utnahmen. Un denn geiht dat ok nich anners. Nehmt wi to’n Bispill en Drogeriemarkt in mien Straat. Ik harr wenig Tiet, dor weer blots en Kass besett, vör mi dree Kunnen mit en vullen Inkoopswagen. De Kasseererin hett suutje, luud un bannig düütlich snackt.

„Goden Dag. Dat maakt 13,21 Euro. Hebbt se en Kunnenkoort? Müch se geern en hebben? Wüllt se en Tüüt hebben? Bitteschön, hier, bitte sehr, ehr Kassenbon. Ik wünsch se en goden Dag.“

As ik endlich an’e Reeg weer, weer ik al böös gnadderig. Un bevör se mit dat Scannen anfungen is, heff ik to ehr seggt: „Goden Dag, keen

Kunnenkoort, keen Tüüt, keen Kassenbon, keen Tiet.“

Nu weer se mucksch, jüst so as mien Leefsten. Dorbi wull ik doch blots Tiet spoorn.

Anna funn dat gor nich so slimm, dat wi twee Stunnen to laat to’n Grillen kamen sünd. Axel weer nämlich noch mal losfohrt, üm jichtenswo Grillkohle to organiseern. De harr he nämlich vergeten.

„Ik keem mit mien Fraag blots bit „Hest du noog . . .?“, woher schall ik denn weten, dat he de Würstchen meen?“, vertell Anna wat suer. Mien Leefsten hett Axel op’n Slag verdefendeert un wat vunwegen „dat kann ja mal passeern“ nuschelt.

Dor weer nu gor keen Reed mehr vun respektlos oder ungedüllig. Hier leeg blots en Missverständnis vör. Denn wull he noch wat anners vertellen. Dat wullen wi aver nich mehr höörn. Wi kunnen uns ja dinken, wat he meente. Tominnst en beten.

# Jümmers online

Körtens heff ik in‘ Supermarkt en jungen Mann sehn, de vör en Regal stunn un all de verscheden Marmeladensorten in sien Handy rinkrakeelt hett. De sülve Keerl hett later ok an'e Käsetheke alle opholln. Denn he müss vör jedeen Bestellen eerst sien Leefste anropen, üm to fragen, woveel se vun jedeen Kääs hebben will. Se kunn sik natürlich eerst entscheden, as he ehr alle Kääs-sorten optellt harr. Un denn heff ik em noch en drüttes Mal drapen. Vör dat Köhlregal. Sietdem weet ik, dat Anja blots fettfriee Melk drinken deit. Dorbi will ik dat doch gor nich weten.

Wo schön weer dat doch, as de Mannslüüd noch mit'n Inkoopszeddel in‘ Supermarkt ünnerwegens weern un wichtige Telefongespräche achter de Döör vun en Telefonzell bleven. Noch slimmer sünd blots noch de Minschen, de de Marme-ladensorten nich verklaart, sünnern affotografeert, üm denn dat Bild direktemang in'e Köök to schicken.

To düsse Sort höört ok mien Fründin Nele.

Natürlich is dat praktisch, wenn se sik bi'n Optiker en Brill utsöcht un mi denn dorvun en Foto tostüert, dormit ik mien Urdeel afgeven kann. Oder se mi fief Biller ut'e Ümkleedekabin schickt, wieldat se nich weet, wat se köpen schall. Se harr mi ja ok mitnehmen kunnt. Dat weer eenfacher west.

Man Nele arbeit lever mit ehr Smartphone. Se röppt sik keen Taxi mehr, se bestellt dat online. Se köfft sik keen Zeitung mehr, se leest de wichtigsten Narichten op dat lütte Display vun ehr Handy. Mit tokneepen Ogen. Se truut den blauen Heven nich mehr, se mutt eerst bi wetter.de kieken, ob dat ok stimmt. In't Kino hett se annerletzt bi en echt langwieligen Film ehr Facebook-Frünn weten laten, dat de Film echt langwielig is. Ik bün eenfach inslapen un eerst wedder waak wurrn, as Nele mi anstött hett, üm mi op ehr Smartphone de Filmkritik to wiesen. De Film schall ganz grootardig ween, swiesert se. Ik schull mi tominnst noch den Sluss ankieken.

Nele is Füer un Flamm för all den Tüdelkraam, de de niege Technik mit sik bringt. Dat kann ik all'ns verstahn. Vun mi ut köönt alle Minschen ümmerto mit de Welt kommunizeern. Man dat geiht ok liesen. Aver ik heff noch en Iesen in't

Füer. Jichtenswenn warr ik Nele bipuuln, dat wi op Biller, de wi vun uns sülven knipst, tomeist en Duppelkinn hebbt. Villicht hölpt dat ja un wi gaht mal wedder tosamen shoppen. Oder eten, un twaars ahn en Foto vun de Nudeln to maken, üm dat in't Nett to stellen. Dat weer echt to üm to schön.

## Haralds Ogen

Annerletzt weer ik in en Café un an‘ Disch blangenbi seten twee Fruens in mien Öller. Dat weer eng, se hebbt luud snackt un ik heff so doon, as wenn ik Zeitung lees – man ik funn ehrn Snack ja veel spannender.

Dat güng üm Harald. Oder veel mehr üm sien Ogen. De sünd nämlich schokobruun un een kann düssen Blick eenfach nich standholln. Dat sä tominnst de en vun de beiden Fruenslüüd. Un denn geev se noch so’n beten bedrüppelt to, dat he dat mit düssen Blick ok jedeen Mal wedder in ehr Bett schafft. Un dat, wo he doch so grulig snorken deit.

Ehr Fründin weer nich so goot op em to snacken un meen, se würr Harald blots över ehr Liek bi sik slapen laten. Egal, wo dull he ehr ansmachten würr. Dat funn ik nu unverschaamt. Denn dat güng ja üm den Leefsten vun ehr Fründin un dat geiht ehr ja nu gor nix an. Un as ik mi jüst so richtig opplustern wull, dor höör ik, dat he ja wull gor nix ut’e Doos eten würr. Dat mutt schients all'ns frisch kaakt warrn un de Fründin harr gor nich wusst, wat dor op ehr tokamen würr. Aver nu weer se eben mit em tosamen un he is ok eenfach to sööt. Un se will schients den Dokter noch mal na de richtige Ernährung fragen. Se harr sowieso tokamen Week en Impftermin.

Ah! Harald weer en lütt Kind! Liekers heff ik mi fraagt, woso man en lütt Jung mit schokobruun Ogen Harald nömen kann. Middewiel weern se nu bi sien leefste Speele un sien slechte Maneern. He weent wull veel un he speelt an' Leefsten mit ehr Strümpbüxen. Also, dat funn ik denn al ehrer en beten wunnerlich. Aver glieks würr de Oma mit den lütten Schatz herkamen, denn kunn de Fründin ja sehn, wo groot he al is. As se reep: „Dor kaamt se ja, hallo mien Söten, dor büst du ja, kaam mal her, lütt Muus, kaam . . .", dreih ik mi üm. Jüst in den Momang, wo en lütten Mops bi de Fru an' annern Disch op'n Schoot sprung – un Oma un Fründin keken stolt röver.

Jüst hett mi mien Fründin Nele anropen. Ik schull man mal raden, wo een hüütodaags as Single-Fru de besten Mannslüüd kennenliern kann. Nee, nich bi de Arbeit, ok nich bi de Frünnen: op de Hunnenwisch! Bi't Gassigahn hett een wull de besten Chancen, mit en Mann in Snack to kamen.

Dat harr se jüst leest. Un nu wull se vun mi weten, wat ik dorvun holl, wenn se sik en Hund anschaffen würr.
Ik heff ehr denn eerstmal kloor maakt, dat se as Vegetarierin ja gor keen Fleesch kaken mag un dat de Hunnen snarken doot un se denn morrns ganz fröh ut'e Puuch mutt. Un op gor keen Fall dörf se em Harald nömen. Un de vermaledeite Idee, vunwegen Tante Dora würr mit em Gassi gahn, de kann se sik ok fix afsminken. Egal, wie de Hund mi ansmachten würr.

# Schiermaken för Mutti

Mien Öllern hebbt sik ganz överraschend för en Besöök bi mi anmelldt. En Avend vörher. Dat is echt laat. Ik weer egentlich al op'n Weg to Bett, denn ik harr an' nächsten Morrn ganz fröh en Frisörtermin. Na den Anroop weer ik quicklebennig. Dat is nu nich so, dat ik slampig bün, man ik harr in de verleden Weken bannig veel üm'e Ohrn un weer selten tohuus west.
Mien Wahnung stüfft ok vull, wenn keen tohuus is. Dat kunn ik an' Avend sehn, as de Lampen alle an weern. Un wenn ik denn dat Ganze noch mit de Ogen vun mien Modder ankiek, denn is dat en Katastrooph. Also heff ik anfungen, optokloorn. So liesen as möglich, üm de Navers nich optowecken. Ik heff de Betten frisch betrocken, Stoff wischt, Wäsche tosamenleggt un wegrüümt, Altpapeer in' Keller bröcht un den Eetdisch frie rüümt.
An' annern morrn heff ik toeerst den Frisörtermin afseggt, denn heff ik den Footbodden afsuugt, twee Finster putzt un noch mal an de Steden Stoff

wischt, wo ik em merrn in'e Nacht nich sehn kunn. Mien Öllern wulln so üm de Middagstiet rüm kamen. Ik müss mi ranholln. Denn ik wull ja noch de beiden Blomen, de mien Modder mi mal schenkt hett, in niege Pütt ümplanten. De harr ik so'n beten verloddern laten.
Nich, dat du nu dinkst, mien Modder hett en Reinigungsfimmel. Nee, se süht sik eenfach geern nipp un nau in de Wahnungen vun ehr Kinner üm. Wenn dat üm so lütte Saken geiht as Bügelwäsch oder en backsige Arbeitsplatt, denn nimmt se dat sülven in'e Hand un maakt dat schier. Dat maakt ehr nix ut un se hölpt ja ok geern. Wenn aver de Gesamttostand vun'e Wahnung nich goot is, denn kiekt se mi trurig an un fraagt sik, wat se denn blots verkehrt maakt hett.
Un jüst düssen Blick, den will ik nich sehn. Dorüm maak ik all'ns schier. Kort, bevör de beiden ankamen schullen, heff ik en Aart Endkuntrull maakt un bün denn endlich to'n Bahnhoff suust, üm mien Öllern aftoholen. In't Auto hett mien Modder op mien Scheitel wiest un seggt, dat ik dringend en Frisörtermin bruken würr. Mien Ansatz würr ja al gries. Dor bün ik gor nich op ingahn. Ik heff ehr denn vertellt, dat ik noch gor nich dorto kamen bün, wat intoköpen

un dat ik mien Öllern nu eerstmal in mien Wahnung bringen würr un denn noch mal los-mutt, üm intoköpen.
As ik na en Stünnstiet trüch keem, weer mien Modder jüst dorbi, den Balkon mit mien Parkettsuger aftosugen. Se meen, een würr glieks marken, dat ik keen Tiet heff för den Huushoolt. Överall würrn Bläder rümliggen un Eer. Se meen noch, wo goot dat doch weer, dat se nu hier weer un wedder Ordnung in mien Leven bringen würr. Ik kunn blots noch ganz benaut nickköppen.

## Du, Schatz, wi mööt los

Nele un ik hebbt annerletzt op en Party en Kollegin vun Nele drapen. Mit ehrn Mann. De beiden stüerten fix op uns to un fungen an to snacken. Över de schönen olen Tieden un wat se hüüt maken würrn un wie se dat geiht. Dat geev blots en Problem: Nele kunn sik partout nich op ehrn Naam besinnen. Noch dorto hebbt de beiden jümmers „Schatz" toenanner seggt. Jümmerto.

„Schatz, hool Nele doch noch mal wat to drinken."

„Natürlich, Schatz. Dat maak ik fix."

Wi hebbt de ganze Tiet nich rutkregen, wie de beiden nu heten. Dorüm weern wi froh, as se jichtenswann mit den Satz: „Du, Schatz, wi mööt los," weg weern un dat Rümspekuleern en Enn harr.

Worüm maakt Paare dat blots mit den doren Schatz? Finndt se villicht, en Naam reckt för twee Minschen? Dat Woort Schatz is ja ok schön kort. Dat kann en swiestern, brummeln, süchten, aver ok zischen oder bölgen. Sogor langtrecken kann

een dat. Jümmers öfter höört een in Supermärkte oder Lokale düt luude Scha-hatzz. Dat funkschoneert also ok as Opfordern oder Befehl. Wenn een dat „z“ so richtig luud un böös zischen deit un dat „t“ ok noch mehr betont, denn kann dat sogor as Schimpwoort dörchgahn. SCHATTZZ!
En Wort för alle Gelegenheiten un Geföhlslagen. Un denn ok noch ahn Geschlecht. Ob nu Mann oder Fru, Hund oder Katt, Leefster oder Leefste oder beste Fründin. Dat Woort passt. Un de meisten höört dor ok op. Un dat is bavento ok wahnsinnig praktisch, vör allen Dingen, wenn de Partner en ganz komplizeerten Naam hett. Oder wenn de Ehefru Christine un de Geliebte Christiane heet. Oder de Ehemann Michael un de Geliebte Michel. Mit den Allerweltsnaam „Schatz“ kann een nix verkehrt maken un is glieks veel entspannter mitenanner.
Un dorüm will ik nu an düsse Steed alle Lüüd wohrschaun: Seggt nienich, egal ut welkeen Grund un in welkeen Situaschoon, „Schatz“ to mi. Ik will weder, dat ji mi dat in’t Ohr swiesert, noch, dat ji mi mit „Schatz“ anbölken doot. Ik warr dor nich op reageern. Blots dormit dat kloor is.

## Urlaubsafgunst

Höörst du ok to de Minschen, de in‘ Momang nich in Urlaub fohrn köönt? Un üm di rüm sünd alle jüst mit groot Freud dorbi, Bikinis un Sünnencreme to köpen un Sommerkleedaasch in groot Kuffer to packen. Strohhööd, Stranddeken oder Wannerstöcke warrd ut’n Keller hoolt un jedeen warrd de Reiseführer un de Stratenkorten vör de Nees holln. De Huusslötel warrd noch flink bi’n Naver afgeven un opletzt stiegt se denn in ehre vullpackten Autos, üm in Urlaub to fohrn. Natürlich mit en Lüchten in’t Gesicht un natürlich nich, ahn noch mal to’n Afscheed luud to hupen.
Ik seh al, dat du trurig nickköppst. Du höörst also ok dorto. Du un ik, wi hollt de Stellung. Wi dörft Blomen in frömde Wahnungen geten un jedeen morrn dree Zeitungen in’t Altpapeer smieten. Dat klingt na wenig Freud, aver dat stimmt nich. Ik heff mi en System utklamüstert, dat mi jedeen Sommer in Hochstimmung bringen deit. Un na de Sommerferien heff ik dat Geföhl, dat ik veel

entspannter bün as mien Navers, de nu in ehr vullpackte Autos sitten doot.
Ik fang an‘ eersten Feriendag al dormit an, kunzentreert alle Verkehrsnarichten aftohöörn. An‘ besten in‘ Düütschlandfunk. Denn dor warrd alle Staus melldt, nich blots de ut uns Region. Vun Flensborg bit Konstanz is all'ns vull mit Autos. Mal över tein Kilometer, denn söventein, mal veer, denn wedder fiefuntwintig. Se staht. Stünnenlang. Aver de schönsten Meldungen kaamt an't Wekenenn. Aver ok in de Week gifft dat gode Phasen. Dorto kaamt denn noch de verscheden Wedderstaschonen. Een mutt blots en beten Duld un Düer hebben, bit dor en Staschoon in de passen Ferienregion Starkregen un Stormgebruus bit Windstärke acht vörutseggen deit. Blangenbi lees ik noch allerlei Artikel, de in de Urlaubstiet rein tofällig in't Blatt staht: „Beziehungskiller Urlaub“ oder „Horrorhotels – wie kriege ich mein Geld zurück?“ Un ok in't Fernsehen gifft dat jüst nu ganz wunnersome Reportagen. Wo Hoteltester mit ehr ultraviolette Lampen op'n Kopp asig Deerten in schienbor reinliche Nattzellen opspören doot. Ganz gräsig is dat. Oder se pröövt de Waterqualität in‘ Pool oder an‘ Strand. Nich schön, kann ik di seggen, dat will een gor nich so genau weten.

Mit all düsse Informaschonen fohr ik denn avends ganz entspannt mit mien Leefsten op't Rad dörch den Stadtpark. Ik finn miteens frie Dische in richtig kommodige Goornlokale un freu mi, wo wenig in'n Sommer in'e Stadt los is. Ik verstah gor nich, worüm een afgünstig is op Lüüd, de nu in Urlaub sünd. Düt Geföhl kenn ik gor nich. Wi hebbt dat hier doch so goot. Un wi kriegt överall Parkplätze. Denn all de Autos, de staht ja nu in' Stau.

# Zoe-Ophelia un Hilde

Annerletzt stünn ik an'e Ampel un vör mi weer en Auto mit en bitterbösen Opklever: „Kein Balg mit einem blöden Namen.“ Wie finndst du dat? Dat is doch unmöglich, oder? Un bavento so ganz ahn Respekt. Denn dor maakt sik Minschen doch över Maande Gedanken üm den ultimativen Naam för ehr Baby. Se smökert in Böker, snackt mit Familie un Frünn, seht sik Filme an un blädert sik dörch Tietschriften. Nich jichtenseen Naam, nee, dat mutt en ganz besünneren ween. Denn opletzt is ja ok dat Kind wat ganz besünneres. Un wie kann een dat beter kloormaken as mit so vigeliensche Naams as Chantal-Lisette, Candice-Rose, Luca-Cruz oder Jason-Xaver?

Un wenn du lange Naams nich utstahn kannst, denn gifft dat ja ok schön korte. Don Hugo is doch meist richtig knackig, jüst so as Vegas oder Shelsy. Düsse Naam is ja villicht blots rutsuert, wieldat de Öllern nich ganz seker mit de Rechtschrieven weern – aver he klingt doch düchtig schön. Un kloor: Ok de Opklever-industrie för Autos freut sik över solke Opdräge. Oder willst du jümmers blots Texte as „Ich bremse auch für Tiere“ oder de Ümrisse vun jichtenseen Insel drucken? Kannst mal sehn! Düsse Naamskreaschonen sünd doch en Teken dorför, dat sik de Lüüd düchtig in’t Tüüch smeten hebbt. Un dat kööont se denn ja wull ok mit so en Opklever wiesen. Naams as Marie oder Paul, de fallt een doch so ganz blangenbi in. Dor reckt doch de Taxifohrt to de Geburtsklinik. Aver in so korte Tiet kümmt een nich op Zoe-Ophelia oder Celina-Chayenne.

Bi uns Huusdeerten, dor löppt dat ganz anners. Hunn- un Kattenkinner, de loopt een ja meisttiets to un denn blifft keen Tiet för lange Vörbereiten, wenn dat üm den Naam geiht. Anners kann ik mi dat nich verkloorn, worüm de beiden Hunnen vun en ganz bekannten Schauspeeler Dora un Hilde heten. Dat heff ik jüst leest. Dat is ja sowat vun leeflos un langwielig, dat kann een ja nich mal op en Opklever drucken. Un wat is dat för en Gliekgültigkeit. Doröver schüllt de mal na-dinken. Kind oder Hund, en beten Möh mutt een sik al geven. Dat geiht doch nich. Worüm nich Paris oder Texas? Oder Lourdes un Savannah? Oder Peaches un Honeymoon? Dat gifft so schöne Naams. Du muttst blots mal an'e Ampel op de Autos kieken.

## Op en Skala vun een bit tein

Ik weet nich worüm, aver mien Telefonnummer steiht in' Momang ganz baven op de List vun'e Callcenter. Dat glööv ik tominnst. Denn anners warr ik dor nich slau ut, worüm de mi jümmers wedder anropen doot. Un dat ok noch jümmers öfter. Ob nu morrns, middags oder avends – mien Telefon bimmelt. Ik mell mi denn ok fründlich. An't anner Enn höör ik en noch fründlichere Stimm, de mi mit veel Vertruun fragen deit, ob ik wull en lütten Momang Tiet harr.

Ik bün nett un will ok keen schaden, de as Profeschoon de Opgaav hett, wildfrömde Lüüd antoropen, üm dusselige Fragen to stellen. Ik bün jümmers bereit, nipp un nau op en Skala vun een (geiht gor nich) bit tein (supergoot) pries to geven, wat mi gefallt un wat nich. Ik heff vertellt, wat ik wo inköpen do un woveel, ik heff mi Gedanken maakt över Shampoos un Körperlotionen, över Fernsehtietschriften un Narichtenmagazine un ik heff sogor över Deertenfudder snackt. Jümmers mit veel Bedacht, jümmers mit

Duld un Düür. Man, dat nehm keen Enn. Ganz in' Gegendeel. Nu reep mi en fründlich Fru ut' Erzgebirge an un wull wedder weten, wat ik wo un woveel köfft heff.

„Aver dat hebbt se mi doch all'ns al Mal fraagt", heff ik trüchgeven. Sünst würr dat doch all'ns duppelt utwertet, wohrschau ik ehr noch. Ehr weer dat egal, meen se, Hauptsaak, wi köönt nu endlich anfangen.

Dat hett mi denn doch en beten argert. Aver ik bün ja en netten Minschen un heff wedder all'ns op en Skala vun een bit tein beurdeelt. Man ik heff nu mal eenfach mien Inkoopsgewohnheiten ännert. Ik drink blots noch Dosenbeer, eet keen Gröötüüch un Obst mehr, dorför Soltgebäck in jedeen Variaschoon. Bi Fleesch heff ik de veerfache Menge angeven un Broot eet ik gor nich mehr.

Avends keem denn de nächste Anroop mit Schwäbschen Dialekt. De glöövt nu, dat ik keen Auto heff, dorför dree Fohrrööd, ik bün noch nienich Bus fohrt, dorför aver jümmers mit'n Fährscheep ünnerwegens. So keem ik bilütten in Öbung. Un de Ümfraag to mien Urlaubsgewohnheiten, de weer mien Steernstünn.

As ik nu so richtig schön in Fohrt weer, dor keem

de letzte Anroop. Ganz fründlich mell sik de Callcenter-Mitarbeiter un fraag mi, ob ik en paar Minuten Tiet harr.
„Wi maakt en Ümfraag in‘ Opdrag vun’ Radiosenner. Wi fraagt Minschen twüschen 25 un 30 Johr. Höört se dorto?“
As ik ganz verbaast: „Nee, ik bün öller“, antwurt heff, dor meen he: „Nix för ungoot. Denn sünd se rut.“ Un denn hett he opleggt.
Wie finndst du dat? Ik bün rut. Vunwegen mien Öller. Dorbi weern mien Antwurten jümmers so schön. Op de Skala vun een bit tein. Na, denn eben nich!

# Biller in‘ Kopp

Wenn ik so vör mien Klederschapp stah, denn mutt ik jümmers an dat dore Klischee dinken: Dat Schapp is vull, aver ik heff nix antotrecken. Egens finn ik sowat ja alberhaftig.
Kloor, ik kann mi mit mien Kleedaasch vör Küll, Regen oder pienlich Optritte bewohrn, aver för düssen Anlass (nix Besünneres, blots en Inladen to’n Geburtsdag) heff ik nu mal nix in’t Schapp. Rein gor nix. Ik kann blots in Jeans un swarte Strickjack gahn. Un dorbi bün ik all’ns nipp un nau dörchgahn. Dorför gifft dat en eenfachen Grund: Fehlkäufe. Un wenn ik ehrlich bün, ok Gewichtsschwankungen.
Fangt wi mal bi de Büxen an. Jeans: dree Stück. De en is to afsleden, en to eng an‘ Achtersen, en is okay. En witte Chino: to kort. En brune Manchesterbüx: doch nix för’n Sommer. Twee swarte Büxen: to püük. Över de lachsfarven Büx un de rode, dor snackt wi gor nich eerst.
Wieder geiht dat mit de Blusen. Bi en witte fehlt en Knoop in‘e Mitt, de anner hett en dösigen

Kragen. Dree sünd ut Linnen un total kruus, de gröne is to kort. Un vun de mit dat Blomenmuster un de in pink, dor will ik gor nich eerst vun snacken. Bi de Kleder süht dat nich beter ut. En is ut Linnen – dat sülvige Speel as bi de Blusen – dat anner to dörchsichtig un de Ünnerrock is in'e Wäsch, twee to kort, en to eng, denn noch en brunes Kleed mit witte Punkte un toletzt noch en mit Bottervagels op. De Rest in mien Schapp sünd en Hupen bunte T-Shirts, vele Strickjacken, en Handvull griese Pullover un Döker.
Den gröttsten Platz bruukt mien Fehlkäufe. De hangt hier vunwegen de Biller in mien Kopp. To'n Bispill dat Kleed mit de Punkte op. In den Film „Pretty Woman" weer dat mien leefste Szene: Julia Roberts in ehr punktet Kleed op'e Rennbahn. Man ik seh nu mal nich ut as Julia Roberts, ok nich in so'n Kleed mit Punkte. Woso mark ik dat blots eerst tohuus vör'n Spegel? In de Ümkleedekabin heff ik düsse Biller in' Kopp un bün glieks Füer un Flamm. Aver wenn ik denn tohuus vör mien Spegel stah, denn heff ik dat ja sülven an. Un ik besinn mi nich mehr op Julia Roberts, sünnern op Tante Martha. Ok in Pink seh ik nich ut as Helene Fischer un in de lachsfarven Büx ok nich so as de niege Fründin vun mien

Naver. Un Linnen, dat gnittert blots bi anner Lüüd in vörnehm Art un Wies.

Nu heff ik all mien Fehlkäufe fotografeert un nehm de Biller mit op mien nächste Shoppingtour. Statts de Biller in‘ Kopp. Ik hoff, dat klappt. Ik harr nämlich so geern en hellblauen Hosenantoch. So en as de Narichtensprekerin in't Fernsehn.

## Rank un slank in‘ Slaap

De Wintertiet is för mi echt slimm. Denn mi fehlt dat Licht. Glieks, wenn dat düster warrd, warr ik mööd. Jüst so geiht mi dat ok in’t Kino. Blots mit den Ünnerscheed, dat de Film na negentig Minuten vörbi is, de Winter aver bit to’n März anduert. Nu kann ik ja nich eenfach jedeen mal, wenn dat düster warrd, de Ogen dicht maken. Un dorüm heff ik bit März en Problem. Egens bruuk ik nu föfftein Stunnen Slaap. Man ik krieg veel weniger. Ik bün also Kort-Slaper. Un för den Rest mutt ik mi waak holln.
Annerletzt heff ik in en Studie leest, dat Kort-Slaper weniger Fett verbrennt as Lang-Slaper. Denn de dore Fettzell bruukt Roh, üm to funkschoneern. För mi heet dat: Ik kann noch so veel Energie verbruken, üm waak dörch’n Winter to kamen, ik nehm liekers to. Dat is doch eenfach nich to glöven! Dat hett also nix mit de velen Wiehnachtsfiern oder mit de Boomkokenspitzen un Pletten to doon, dat mien Jeansbüx kniepen deit. Dat is eenfach Slaapmangel. Un den heff ik

nu bit in't Fröhjohr. Jedeen Dag en paar Stünnen to wenig. Un en paar Gramm mehr.
Ik söök jümmers noch na en Lösung för mien Problem. Wetenschapler ut Berlin hebbt Funkchips an Immen monteert un rutfunnen, dat de all'ns vergeten doot, wenn de to wenig Slaap kriegt. De hebbt de Deerten en niegen Weg bipuult vun ehr Foderquelle to'n Immenstock. Un denn durfen de Immen nich slapen. Un wat is dorbi rutsuert? Nich mal de Hälfte vun'e möden Immen hebbt den Weg an' nächsten Dag wedderfunnen. Un wenn se em funnen hebbt, denn hebbt se duppelt so lang bruukt. Toeerst weer ik doröver froh. Wenn dat nämlich bedüüdt, dat ik mien Foderquellen vergeet, wenn ik mööd bün, denn nehm ik wenigstens nich to. Vigeliensch warrd dat blots, wenn ik vun mi Foderquell nich mehr na Huus finnen kann. Denn stah ik in' Düstern in'e Küll un weet nich wieder. Un dorbi warr ik dicker un dicker. De ganzen Recherchen hebbt mi aver eens kloormaakt: Ik kann nix dorgegen doon, dat mi de Wintertiet vergetern, dick un mööd maken deit. Dorüm kann ik ja nu mit en goot Geweten to mien Kakao ok noch en Stück Torte dorto bestellen. Dat ik mien Baadstuuv egens hüüt putzen wull, dat vergeet ik

ja sowieso. Dorför warr ik mi lever naher noch för en lütt Stünn op't Ohr leggen. Vunwegen de doren Fettzellen. Dormit de tominnst en beten arbeiten köönt.

# Dannenbööm op’e Autobahn

Ik weer in de letzten Weken veel ünnerwegens. Meisttiets mit‘ Auto un meisttiets op’e Autobahn. Egens fohr ik geern, denn en Fründin vun mi arbeit bi’t Radio un leest dor de Narichten un den Verkehrsfunk vör. Dat is schön, ehr Stimm to höörn, vör allen Dingen, wenn een alleen in’t Auto sitten deit un Langewiel kriggt. Un een will ja ok weten, wat all’ns in’e Welt oder op’e Straat los is.

Dat gifft blots en Problem: Wenn ik dat hild heff un fix vun A na B mutt – so as hunnertdusend anner Autofohrers ok – un de meisten nich vernünftig Auto fohrn köönt, denn warr ik hibbelig un opletzt luunsch. Un wenn ik denn noch mien Fründin in’t Radio mit de Verkehrsnarichten hööр vunwegen: Dat kümmt to Verkehrsbehinnerungen op mien Autobahnafsnitt, wieldat dor en Spanngurt op de Straat liggt un tein Kilometer wieder is en Lastwagen liggen bleven un noch en Stück wieder loopt Lüüd op’e Fohrbahn . . ., denn fraag ik mi doch, wat ver-

dorrig noch mal in de Verkehrsleitzentralen los is. Wat hebbt Muerbütten op bunnesdüütsche Autobahnen to söken? Wodennig kann een Matratzen oder Reifen verleern un dat nich marken? Un kann mi een verkloorn, worüm Autos an‘ Leefsten in en Buusteed liggen blievt? Worüm jümmersto Deerten frie rümlopen doot un wat sünd dat överhaupt för welke? Dor weern ok Fohrrööd mit dorbi un kort achter dat Bremer Krüüz leeg denn noch en Sofa. Dat is doch nich normal, wenn een Saken op’t Auto transporteern deit un de denn eenfach so verleert. Woso geiht een denn so slecht mit sien egen Kraam üm?
Ik heff mien Fründin ut’n Stau rut en SMS schreven. Se schall man mal en Radio-Oproop starten, dormit endlich jichtenseen de Autobahn oprümen deit. De meisten Saken kann een doch noch bruken. Se mutt ja nich all’ns optellen. Oder villicht doch. Kann ja angahn, dat sik en Fohrer dinkt: „Oh, dat is wull mien Sofa, egal, dat nehm ik op’n Rüchweg wedder mit.“ Se hett mi trüchschreven, ik schull mi nich opregen. De Stau wegen de Person op’e Fohrbahn, de weer al wedder weg. Op mien Streck würr nu blots noch en Kantholt kamen un twee Dannenbööm. En dorvun würr kort vör mien Utfohrt liggen. Den

kunn ik doch al mal inladen – denn weer de al mal weg.

Dor heff ik ehr keen Antwurt op geven. Wat schall ik denn nu al mit en Dannenboom? Aver jichtenswann warr ik ehr wull doch mal fragen, wo lang so'n Kantholt is un woto een dat bruken kann. Ja, dat maak ik noch. Ah, un villicht bruukst du ja ok mal en Spanngurt. Denn holl man eenfach de Ogen op.

# Dat is’n dumm Stück Snack

Annerletzt weer ik op en Geburtsdag inlaadt. Un dor weern allerlei Lüüd, de ik al ganz lang nich mehr sehn heff. Nu is dat ja echt swoor, bi’t Dag seggen glieks en kloke Fraag to stellen. Jüst denn, wenn een de Lüüd ewig nich sehn hett un nich weet, wat de intwüschen so maakt. Un ik heff doch ok överhaupt keen Ahnen dorvun, wat he oder se överhaupt för en Minsch is. Aver mutt een denn unbedingt mit düsse Fraag anfangen: „Wat maakt de Kunst?“ Wat? Schall ik dor würklich Antwurt op geven? Schall ik doröver snacken, dat de Kulturbehörden spoorn mööt oder över den Sanierungsstau in’e Museen? Noch slimmer is: „Wat maakt de Welt?“ Ik kann doch op en Party nich över Klimakatastrophen un Butenpolitik lamenteern. Kloor, ik kann dumm Snacks ruthaun. Dat hebbt düsse dusseligen Fragen echt verdeent. So as: „An‘ leefsten goot“ oder „Güstern weer noch all’ns goot“. Aver wat schall sowat?

Ik bün jedeen mal verwunnert, wenn Klöönsnacks

so losgaht. Ik will mi ja geern de Been utrieten un op jedeen Fraag wiss un wohr Antwoort geven – man wat is denn de Wohrheit, wenn mi een fraagt: „Un?“ Dor stah ik denn un maak en dummerhaftig Gesicht. Small-Talk maakt mi sowieso dösig in‘ Kopp. Dor bewunner ik mien Gegenöver. De kriegt en flottes „Ja, dor mutt een sik nix vörmaken“ oder „Dat mutt een ok mal so seggen künnen“ bit hin to „Dor hest du ja wull dien Huusopgaven nich maakt“ so flink över de Lippen. Un ik bün jümmers noch dorbi, doröver natodinken, wat denn de Kunst maakt. Geern bruukt warrt ja ok düsse Rümstah-Snacks, de jichtenseen ruthaut, wenn en Grupp tosamensteiht un dat miteens swiegenstill is. Mi gefallt „Es ist, wie es ist“ an‘ besten. Dor kannst‘ nix mehr op seggen. Un dat bringt ja ok gor nix för de Grupp. Dor is dat ja jümmers noch musenstill. Dor hölpt ok en „Dat harr noch slimmer kamen kunnt“ wenig. Tomeist hau ik denn af un drömel dörch den Ruum. Af un an draap ik denn ok en Gesicht, wat mi bekannt vörkümmt. Un wat mi denn mit en vergnöögt „Ach, du büst ok dor?“ begröten deit. En olen Bekannten vun mi hett denn noch „. . . un nich in Hollywood“ dor achter hangt. Dor fallt mi denn eenfach nix mehr in. Kann mi nich mal een fragen, wann ik hüüt morrn opstahn bün oder wo lang ik för den Weg hierher bruukt heff oder wat ik an't Wekenenn maak? Oder ob ich villicht en nieges Fohrrad hebben will? Jichtenswat, wo ik ernsthaftig op Antwoort geven kann. Mientwegen kööönt wi ok över dat Wedder snacken. Aver blots, wenn wi den Snack „Wi köönt dat Wedder ja nich maken" weglaat. Dat is blots so'n Idee, villicht klappt dat ja. Aver du weetst ja: „Dor steekt wi nich binn".

# Rouladen för alle

Ik wull mien Modder jichtenswat Wichtiges vertellen. Also heff ik ehr anropen. Se weer glieks an't Telefon – aver mit en hildhebbern Stimm: „En gräsigen Dag. Ik heff överhaupt keen Tiet to telefoneern. Ik bün dorbi, Fleesch to braden." Denn hett se opleggt. Se wull nich mal weten, wat ik vun ehr wull.

Nu heff ik mi natürlich sorgt, wat dor för en Katastrooph bi mien Modder passeert is. In mien Kopp harr ik Biller vun en Füer oder en Stormfloot oder sowat. Ik seet op Kohlen un dorüm heff ik ehr na en korte Tiet wedder anropen. Aver se güng nich ran. Se is eerst avends wedder an't Telefon gahn. „Du kannst di nich vörstellen, wat wi hier för'n Stress harrn", lamenteer se. „So en Arger. Ik bün trech mit'e Welt." Op mien vörsichtige Fraag, wat denn egens Slimmes passeert is, sä se wat muulig: „De Truhe is twei. De rode Lamp weer an. All'ns optaut, de ganze Kraam is hin. Un de niege Truhe kümmt eerst morrn."

För alle, de nich weet, wie mien Modder un Tanten ehrn Vörrat anleggen doot: Düsse rode Lamp is en Katastrooph. Wi hebbt nämlich nich düsse lütten, praktischen Iesschapps, wo een villicht mal en Pizza un twee Büdel Petersill infreern kann. Nee, wi hebbt Iestruhen. Ganz groot Geräte, wo glieks en paar Brööd rinpasst, tominnst fief Koken, alle Sorten vun Grööntüüch, kilowies Botter, en halves Rind un verscheden Sorten Fisch. Falls mal wat passeern deit. Oder falls mal jichtenseen lütte Saak fehlen deit. Schient so, as wenn de Fruens ut uns Familie jümmers dormit rekent, dat een daaglang insneet is, wenn dat Huus jüst mit Besöök vull is. Oder en Bus mit smachtig Minschen vör de Döör strandet oder een Wiehnachten vergeten hett. Un denn mutt een miteens kaken. Bavento an en Sünndag, wo all'ns dicht is. De brekenvull Truhe gifft eenfach en seker Geföhl.

Wenn dor blots nich de verdorrigte rode Lamp weer. Eetworen, de optaut sünd, mööt verbruukt warrn. Dat weet wi ja. Un dorüm hett mien Modder den ganzen Dag Fleesch braadt, Fisch inleggt, Grööntüüch torecht maakt un telefoneert, üm Lüüd för ehr spontanes Catering to finnen. Mien Vörslag, eenfach all'ns wegtosmieten – dat würr för ehr nich in Fraag kamen, meen se un hett mi glieks en Vördrag holln vunwegen: „Dat is typisch, ji smiet jümmers glieks all'ns in' Müll." Un an't Enn vun ehr Schafuder keem denn noch: „Nu maakst du di aver lustig. Man wenn du mal op Besöök büst, willst du ok wedder Rouladen eten." Jedeen Woort dorgegen harr se blots noch mehr in Fohrt bröcht. As wenn ik dor mitsnacken kann. Ik mit mien lütt Fack för Petersill un lütte Pizzen.

An't Wekenenn fohr ik ehr besöken. Ik nehm mien Köhltasch mit. Also, wenn di noch jichtenswat fehlen deit, segg mi eenfach Bescheed. De niege Truhe is al wedder vull.

## Urlaubstrophäe

So peu á peu kaamt alle wedder ut'e Ferien na Huus. Un bald warr ik wedder inlaadt to düsse lannestypischen Gerichte, de mien Frünnen in' Urlaub jedeen Dag eten hebbt. Dormit wüllt se ehrn Urlaub sotoseggen verlängern. Un so as jümmers sünd de Gastgever daalslaan, wieldat nix so smecken deit as op'e Hotelterrass. Ok de Huuswien, den se egens ut'n Urlaub mitbröcht hebbt, smeckt tohuus blots noch normal un nich na den besten Wien vun'e Welt. So is dat eben. Dorbi weer de Urlaub so schön, nich blots Eten un Drinken, ok Land un Lüüd un eerst recht dat Wedder. Wat een ja ok bestens an de sünnenbruun Huut vun' Gastgever sehn kann. Un dat is wull ehr beste Urlaubstrophäe. Dorför mööt se aver ok veel doon.

Ganz wichtig is de nahtlose Bräune. Dat kann twaars nich jedeen sehn, aver een sülven weet dat ja. Natürlich warrd ok op de Dermatologen hööirt un een nimmt Sünnenmelk. Dat is kloor. Aver bi de nahtlose Bräune geiht dat nich üm't Incremen, sünnern üm de Technik. Dat kümmt op dat richtige Timing un de richtige Positschoon an. Ik finn dat ja echt dull, wenn Fruens sik op'n Buuk op'e Liege leggt un mit en eleganten Swung ehr Bikinioberdeel opmaakt, dormit dat op'n Rüch keen witte Querstriepens gifft. Dorto mutt een aver böös smiedig ween. Dat is nich so eenfach, as dat utsüht. Noch vigelienscher is dat Slüten vun dat dore Deel, bevör een sik wedder op'n Rüch dreiht. Dat Aftüdeln vun'e Trägers in Rüchlaag is wat eenfacher – liekers is dat för Lüüd, de dat nich so oft maakt, echt en böös Aggewars. Wenn du nu meenst, düsse Techniken för de nahtlose Bräune sünd Grappens vun'e Fruenslüüd, denn büst du op'n Holtweg. Mannslüüd köönt dat meist noch beter. Ik heff düssen Sommer en Mann sehn – Middelöller würr ik seggen – de würklich ganz lang mit bloten Mors an' Strand stahn hett. He hett dorbi en Book leest. Un dormit dat Brillengestell keen witte Striepens in sien Gesicht maakt, hett he de Brill över dat Book hooln. Un bavento hett he sik denn noch ganz suutje rechts rüm dreiht, dormit würklich jedeen Zentimeter vun sien Körper Sünn afkriggt. Ik heff em wunnerlich ankeken, denn he hett mi mit sien dusseliges Rümstahn ganz hibbelig maakt. Man he hett blots so vun baven trüchkeken.

Mi güng dörch'n Kopp, ob he wull ahnt hett, wo dusselig he utsehn dä. Aver dat heff ik em nich seggt. Över en Stünn hett he so dorstahn. So as'n Pahl an' Strand. Man as he sik denn bücken dä, dor heff ik se sehn, de twee witten Halvmaande ünner sien Achtersen. Dat is de Schwerkraft. Ik harr em dat seggen müss. Denn harr he villicht noch en Koppstand maakt. Tja, nu is dat to laat.

# En Hart för Quälpaags

Annerletzt heff ik mi mit en olen Fründ to'n Eten drapen. He is en bannig fründlich Minsch, för all'ns apen un total entspannt. An' Disch blangenbi seet en echt unsympaathsch Typ. En vun de Sort, de jedeen kennt, de all'ns kann un al överall west is. Un dat mööt solke Lüüd natürlich ok luudhals vun sik geven. Jichtenswenn is de mi so op'n Geist gahn, dat ik mien Fründ toswiestert heff: „Glieks segg ik düssen Dickdooner mal so richtig mien Meen!" Un wat maakt mien olen Fründ? He kiekt mi wat verbaast an un seggt: „Aver du weetst doch gor nich, worüm he so is. Villicht hett he dat as Kind al swoor hatt oder he warrd nich anerkannt oder he is jüst unglücklich. Du muttst nich so fix oordelen." Aha.
So is dat also. Ik oordeel vörsnell. Un schall Verständnis hebben. Wieldat ik ja nich weten kann, wat dor achter steken deit. Villicht weer ja ok de junge Mann kort vör'n Hungerdood, de mit sien Auto en Viddelstünn lang de enzig Diesel-zapfanlaag blockeert hett, an de ik ok tanken

wull. He hett nämlich in aller Roh in‘ Verkoopsruum sien Wust eten. Un wiss weer he veel to maddelig, üm vörher noch sien Auto en Stück wieder to fohrn.

Ut den sülvigen Grund blifft villicht ok männicheen lang utstreckt in’e Sauna liggen, ok wenn dor anner Lüüd en Platz söken doot. Se hebbt eben en slimmen Rüch un kaamt eenfach nich hooch. Oder se durfen lang nich liggen.

Ik weet ok nich, worüm Lüüd dat nich hinkriegt, ehr Tablett trüchtobringen, wenn se in en Sülvstbedeenlokal eten hebbt. Dat kann dor an liggen, dat se keen Knööv hebbt oder brannig Handgelenke oder se sünd eenfach to tüffelig, de Geschirrannahme to finnen. Se köönt ja gor nix dorför, dat sik dor keen an‘ Disch setten kann, bitdat dor jichtenseen den Kraam wegrümen deit.

Jüst so is dat mit Minschen, de sik in’t Café glieks alle Tietschriften op eenmal mit an‘ Disch nehmt. Villicht hebbt de en Geheemnis. Villicht köönt se gor nich lesen un versöökt so, dat to vertuschen. Oder se durfen as Kinner nienich Tietschriften hebben un mööt dat nu nahalen.

Oder de Lüüd, de foorts en Finster oprieten doot, wenn se jichtenswo rinkaamt. De hebbt fröher wiss mit veertein Geswister in‘ Keller huukt, wo

dat keen Finster geev. Dor dörf een doch nix seggen.
Maarkst Müüs? Ik heff den groothartig Raat vun mien Fründ befolgt. Ik will nu mit all mien Knööv dorför sorgen, dat ik mi op all de trurigen Grünn besinn, de to düsse slechten Maneern föhren köönt. Un weetst du wat? Dordörch reeg ik mi nu veel weniger op.

## Urlaub ahn Mannslüüd

Mien Fründin Nele, de is Single. Dat heff ik wiss al mal vertellt. Tweemal in't Johr kriggt se dorüm en Krise: Jümmers in'e Sommerferien un denn noch mal in'e Wiehnachtstiet.

Nu hett se mi aver vertellt, dat de dore Ferienkrise miteens vörbi is. Se weer nämlich düt Johr mit en Kollegin, de ok Single is, in' Urlaub. Ganz spontan. Beide wullen se in'e Sünn, beide wullen se Sport maken, beide wullen se an'e See. Also hebbt se tosamen Urlaub bucht un dat weer wull de schönste Urlaub siet Johr un Dag.

An' Anfang hebbt de beiden sik noch unglücklich föhlt, wieldat üm se rüm luder verleevte Paare weern. De Hand-in-Hand-Spazeerer, Mannslüüd, de ehr Leefste den Rüch incremt hebbt, Fruenslüüd, de ehr Mannslüüd Obstsalat vun't Buffet holt hebbt. Nele un ehr Kollegin hebbt överall blots rosa Harten sehn.

Un denn keem de wunnerbore Sünnenünnergang an' tweeten Avend. Se seten in düsse schöne Strandbar mang all de Paare, hebbt Cocktails

drunken un hebbt so'n beten rümblarrt, wieldat se keen Mann mit harrn. Miteens sä en Fru achter se to ehrn Mann, dat se den Sünnünnergang op Mallorca veel schöner funn. De Mann meen denn, dat se dor ok nich ganz so muulsch west weer. Na en korten Striet sünd beide denn afhaut.
An' nächsten Morrn hett sik denn en anner Paar in'e Hoor kregen, wieldat he toveel eten hett un se los wull. An' Disch blangenbi, dor hebbt se gor nich mehr mitenanner snackt, dor weer Stillswiegen un se hebbt blots noch anenanner vörbikeken.
Nele un ehr Kollegin hebbt denn en schönen Dag mit gode Luun an' Strand hatt. As se in't Hotel rinkemen, stünn dor en Paar, wat sik jüst anbrüllt hett, vunwegen se wull sowieso nienich hierher fohrn un he schall sik blots nich över dat Wedder beklagen.
Nele hett en beten rechercheert. Se mag ja Statistiken to üm to geern un se hett rutfunnen, dat 60 Perzent vun'e Paare sik in' Urlaub vertöörnt. Denn normalerwies snackt se ja an' Dag blots üm un bi tein Minuten mitenanner – aver nu sünd se 24 Stünnen an' Dag tosamen. Dat verdreegt de meisten schients nich. Bavento seggt Fruenslüüd üm un bi 23 000 Wöör an' Dag –

Mannslüüd reckt locker 12 000. Dor löppt dat mit de Gespräche denn ok nich ganz so rund.

Nele un ehr Kollegin hebbt sik nich eenmal in'e Hoor kregen un harrn sik jümmers wat to vertellen. De Urlaub ahn Mannslüüd weer düt Johr so herrlich. För de Wiehnachtskrise hebbt se sik nu glieks en paar anner Orte för Paarkonflikte utsöcht: Möbelhüser, Danzkurse, Speelavende un Autofohrten. Wenn een dor nipp un nau hinkieken deit, denn is dat egen Leven miteens wunnerbor.

# To Hölp, en Selfie

Mien verstorven Grootmudder hett sik mal en Klassenfoto vun mi ankeken. Ik weer jüst in'e sösste Klass kamen, stünn op't Bild in de drütte Reeg un heff to Siet keken. Ganz anners mien Schoolfründin Jutta. De stünn nämlich in'e eerste Reeg, de Schuller en beten na vöörn dreiht un se hett direkt in de Kamera rinsmustert. Mien Grootmudder hett mit den Finger op ehr tippt un meen: „De glöövt wull ok, se is schön. Ut de warrd mal en Grootsnuut. De mutt oppassen." Grootsnutige Lüüd weern för mien Oma dat Slimmste. Een dörf sik nich to wichtig nehmen, dat würr den Charakter verdarven. Dat weer ehr Snack.

Vör en paar Dag is mi de Snack wedder infullen. Dor heff ik nämlich en Selfie vun düsse Jutta kregen. Wi hööрt egens gor nix mehr vunenanner, aver se hett mien Handynummer. Un dorüm schickt se mi jümmers Narichten, wenn se wat Dulles beleevt hett. Wenn dat man blots Narichten weern – aver se schickt ok jümmers

Selfies. An‘ Strand, op’n Barg, vör’t Theoter, in en düres Restaurant, op en Kunzert, op en Boot, vör’n Eiffeltoorn oder vör jichtenseen anner Gebüüd. Dat speelt överhaupt keen Rull, wat dor in‘ Achtergrund is. Dat kümmt ja jümmers op Jutta an. Un ehr Gesicht is vunwegen de Perspektive so groot, dat en mit Möh un Noot den Ort vun dat Selfie klook kriegen kann. Se süht dorbi jümmers gliek ut: Dat Kinn na baven, üm keen Duppelkinn to riskeern, de Ogen halv to, dormit dat cooler utsehn deit un ehr Lachen överkandidelt, de Kopp to Siet dreiht.
Ja, Oma, se dinkt, se is schön. Wieldat se nämlich jüst densülvigen Gesichtsutdruck hett as de meisten, de sik sülven fotografeert, üm dat Bild denn in’e Welt ruttoschicken. Ok mien Fründin Nele maakt dor mit. Fröher hett se vör jedeen Fotoapparat rietut nohmen. Se wull nienich op Urlaubsbiller rop oder bi’t Eten, Drinken oder Sünnbaden knipst warrn. Hüüt schruvt se ehr Handystang an un los geiht dat.
Ik fraag mi: Wat schall dat? Un besinn mi, wat wull Oma dorto seggen würr. Nehmt sik denn alle för so wichtig, dat se meent, de Eiffeltoorn is veel schöner, wenn se dor in‘ Vordergrund to sehn sünd? Oder finndt se sik sülvst so fotogen (Kinn

hooch, Ogen halv to, Kopp to Siet), dat se glöövt, de annern fallt foorts op'e Knee vör Bewunnern un schickt dat Foto glieks wieter? Worüm mutt ik mi denn jedeen Strand, de schients de dullste vun'e Welt is, jümmers mit Juttas Visage op ankieken? Un worüm staht alle nipp un nau glieks dor op't Bild? Köönt ji mi vertellen, wodennig ik ju utenanner holln schall?

## Mannslüüd sünd aapsch

Wenn dat na de Statistik geiht, denn schüllt Fruenslüüd ja veel aapscher ween as Mannslüüd. Dat kann ik intwüschen nich mehr recht glöven. Dorför kenn ik toveel Mannslüüd, de garanteert länger in'e Baadstuuv bruukt as ik un de sik ok veel öfter över de Hoor un de Kledaasch faat as ik. Un mal ganz dorvun af, dat de sik in't Schaufinster ankieken doot un dorbi den Rüch graad maakt un den Buuk intreckt. Aver dat schüllt se man ruhig maken. Gliekes Recht för alle, finn ik. Mi is dat schietegal. Dat is ja ok schön, wenn de Leefste goot rüken deit un jümmers püük antrocken is. Wunnerbor is dat. Un wenn se denn endlich mal ophöörn würrn, jümmers desülvigen Snacks över Fruenslüüd bi't Schohköpen un bi'n Frisör to maken, denn weer all'ns in'e Reeg.

Aver dor mööt wi eenfach över wegsehn. Denn wi kriegt mit dat Öller sowieso veel mehr Sülvstvertruun as de Mannslüüd. Ik kenn en Hupen öllere Fruens, de sik nich mehr dorüm schert, wat jüst Mood is un de to ehr Figur, ehr Falten un ehr Erfohren staht. Dor warrd stuur un stolt mit de Spieskort rümweiht un de Bluus en Stück wieter opreten. Kann doch ruhig jedeen sehn, dat dor jüst en Hitzewell answappt kümmt. Dat is doch ganz normal. Wi staht dorto.

Bi de Mannslüüd warrd dat in't Öller eher weniger mit dat Sülvstvertruun. En Bekannten vun mi hett sik miteens de Hoor wassen laten. Nich vunwegen, dat he David Garrett naiefern wull, nee, he müss en Hörgerät drägen un dat schull keeneen weten. Dorbi weern wi doch alle froh. Denn nu müssen wi em nich mehr anschriegen un he hett endlich mal all'ns mitkregen. Man he wull partout nich, dat een sien Hörgerät to sehn kriggt. De hett wull op Spontanheilung hofft.

De charmante Swiegervadder vun mien Fründin Rita hett dor ganz anner Tricks. He weer fröher Timmermann, kann nu aver nich mehr so goot lopen un müss egentlich en Krücke hebben. Dor stellt he sik aver dweer. Denn würrn ja alle weten, dat he nich mehr so goot to Foot is. Dorüm geiht he jümmers mit en Dachlatt spazeern. Dor kann he sik fein op afstütten un wenn he fraagt warrd, denn seggt he eenfach, dat he se jichtenseen mitbringen will. He is stief un fast dorvun övertüügt, dat keeneen wat vun sien Lieden mitkriegen deit. Rita wull em annerletzt op'n Weg to'n Dokter inhaken. Se harr em nämlich verbaden, de dore Dachlatt in de Stadt mittonehmen. He is denn ok en Stück Arm in Arm mit ehr gahn, man denn bleev he stahn un hett ehr fraagt, ob se nich lever sien Hand nehmen kunn. Rita hett sik glieks Sorgen maakt un fraagt, ob denn all'ns in Ordnung weer. He smüüster man blots un meen: Wenn se Hand in Hand güngen, denn würrn de Lüüd tominnst dinken, dat he en ganz junge Fründin harr. Een mutt sik blots wat infallen laten.

# Fröhe Vagels, late Knuts

Annerletzt weer ik in't Café: An' Disch blangenbi seet en öllere Fru. De wull noch op ehr Fründin töven, meen se to de Kellnersche. Na en Viddelstünn keem denn ehr Bekannte, hett ehr Dag seggt un fraagt, ob se denn to laat is: „Nee", hett de öllere Fru seggt. „Siet Knut doot is, kaam ik endlich nich mehr to laat. De harr ja jümmers wat. Mit em bün ik nienich rechtiedig loskamen."

Schient so, as wenn se gor nich so ganz dull trurig weer üm em. Wohrschienlich hööört Knut ok to de Minschen, de keen Wörm möögt. Dorüm hööört de ja ok nich to de fröhen Vagels. Aver sien Ehefru, de is wull 'n fröhen Vagel. Un dat kann ik goot verstahn. Ik bün dat nämlich ok.

Wenn ik en Termin heff, denn reken ik nipp un nau ut, wann ik losfohrn mutt. Ik nehm de Fohrtiet (to'n Bispill twintig Minuten), denn giff ik noch mal twintig Minuten dorto (wegen Staus, Parkplatzsöök oder wenn de Tog to laat is) un so stah ik denn veertig Minuten vör den Termin fix

un fardig vör de Huusdöör – fein antrocken, schminkt, kämmt un mit Jack, Tasch un Slötel.
Un nu kaamt de Knuts in't Speel. De fallt nämlich miteens in, dat se noch nich raseert sünd, dat se noch mal ganz dringend telefoneern mööt oder se söökt jichtenswat. Egal wat: Brillenetuis, Mützen, Handschoh, Ünnerlagen oder Taschendöker oder sünstwat. Dat mutt blots örnlich lang duern. Also steiht de fröhe Vagel ewig lang an'e Döör, sweet sik en torecht (denn wi sünd ja al fix un fardig antrocken), jiddelig (denn wi hebbt de Tiet in' Nack) un ok al so'n beten muulsch (denn wi hebbt uns all'ns so schön utrekent un hebbt all'ns trech un mööt naher liekers jachtern).
Wenn wi denn endlich ünnerwegens sünd, denn kaamt wi bestimmt in en Stau rin oder finndt keen Parkplatz. Also kümmt een to laat to sien Termin, wat den fröhen Vagel möör maakt un den doren Knut överhaupt nich stören deit. Denn is de Worm eben weg. Schietegal. Knuts möögt keen Wörm. Aver ik mag de. Dorüm bün ik nahto jümmers to fröh bi mien Termine.
Dat maakt mi aver nix ut. Ik bün geern wat fröher dor un spazeer noch mal in alle Roh üm'n Block. Dat is mi lever, as wenn ik mit hoochroden Kopp jichtenswo anjachtert kaam. En Knut, de rennt

nich mal. De kümmt eenfach to laat. Wieldat all'ns annere wichtiger is. De annern kööönt doch ruhig mal töven. Hüütodaags is dat sogor noch wat eenfacher wurrn. Du röppst eenfach den annern an, de sik al de Been in' Buuk stahn deit un seggst, dat du blots noch dien Brill söchst, aver in en Viddelstünn losfohrn deist.
Dat fidele „bit later" is denn ok so meent. Also, leve Knuts, en beten mehr Tucht un Ornen bittschön. Sünst finndt ji jichtenswenn överhaupt keen Wörm mehr.

## Wees nett to de Fruenslüüd

Mien Leefsten harr güstern avend böös slechte Luun. Em reckt dat nämlich bilütten, dat he stännig dorop kieken schall, sik as Mann goot optoführn. Sien Modder hett em dat sien Leven lang verklaart. Un se hett dat ok vun em verlangt. Jüst so as alle Fruens üm em rüm. Dorüm gifft he sik ok bannig Möh un versöcht dat jedeen Dag. Aver dat is gor nich so licht as dat schient, meent he. Hüüt weer mal wedder so'n Dag, wo he so richtig Lust harr, sik as de letzte Macho to benehmen.

Dat füng al an' Morrn an. He is in' Bus opstahn un wull en Fru sien Platz anbeden. Se hett em wull böös vun'e Siet ankeken un meen blots, dat se weder swanger is noch krank un oolt al gor nich un ob he ehr wull anbaggern wull. Dor is em gor nix mehr to infullen. Jedenfalls nix, wat fruensfründlich is. Un so sünd se denn beide stillswiegen un muulsch stahn bleven bit to de nächste Haltesteed. Dor hett sik denn en Schooljung op den Platz sett.

Later op'n Markt kunn sik mien Leefsten an' Fischstand nich so recht entscheden. Statts en Beraden hett he wull blots duersam Blicke kregen un den Raat, ob he nich lever sien Fru anropen will. He wull nich togeven, dat he beter kaken kann as ik, vör allen Dingen, wenn dat üm Fisch geiht. Ik stell mi nämlich appeldwatsch an, wieldat ik keen rohen Fisch anfaten mag. Un dat bedüüt denn ok, dat ik em nich tobereiten kann. Aver dat kann he ja an en Marktstand nich seggen, wenn ok noch twee Fruens vör un veer achter em staht. Dor is he ja glieks ünnerdörch.

Aver dat Allerslimmste is em achteran in' Bookladen passeert. Dat is en ganz groot Laden un dor arbeit en Barg Mitarbeiter un de Chefin. Vun de lett he sik an' leeften beraden. Se kennt em bi'n Naam, weet, wat för Böker he geern lesen deit, se finndt jümmers dat Richtige un freut sik bavento, wenn he vörbikieken deit. Aver mien Leefsten kann sik partout ehrn Naam nich marken. Un dat is em echt pienlich. Ik heff em denn op'n Kopp toseggt, dat doch wull alle Mitarbeiter in den Laden en Naamsschild drägen mööt un he doch wull lesen kann. Man dor harr ik wat seggt. Mien Leefsten schafudder glieks los. Ob ik denn mal keken harr, wo düsse Schiller faststeken sünd. Se sünd so beschüert fastmaakt, dat een de Fruens op'n Bossen gluupschen mutt. Un wenn de Naam bavento noch en Duppelnaam weer un de Brill in't Auto liggt, denn müss een ja ewig un dree Daag mit toknepen Ogen gluupschen. Dat hett he nämlich al mal maakt. Un de nette Bookhändlersche hett em komisch ankeken un fraagt, ob he nu wat weten will oder blots rümgluupschen. Dat weer em to üm to pienlich un nu is he vergretzt. Wieldat he nix mehr to lesen hett un se nu bestimmt dinkt, dat he doch en Macho is.

Also, mien Raat för alle Fruenslüüd, de en Naamsschild dräägt: Villicht köönt ji dat ja doch en beten höger in Richtung Schuller rücken.

# Sowat vun wichtig

Mien Fründin Nele hett annerletzt Besöök kregen vun en ole Schoolfründin. Se harrn lang nix vunenanner höört – eerst bi't Abidrapen hebbt se sik weddersehn un se weern beide so Füer un Flamm, dat se stantepe besloten hebbt: Wi wüllt uns noch mal drapen.
De Schoolfründin is Managerin. Dat hett mi Nele vull Bewunnern vertellt. Dorbi weer de doch domals nich de Allerhellste in de Klass. Un scho un schüchtern dorto. Nele harr nienich dacht, dat ut de lütte Muus mal so'n Karrierefru warrn kann. As ik an' Avend Nele besöcht heff, seet de Muus in' düsterblauen Business-Antog op Neles Sofa un hett mi scharp ankeken – aver nich unfründlich. Se is denn ok foorts opstahn un hett mi ganz fast de Hand drückt un se meen, dat se düt „Get-together" ganz grootardig finnen würr. Se weer aver ok in' Momang so in' „Flow", dat ehr duernd schöne Saken passeern würrn. Ik heff ehr tostimmt un eerstmal nickköppt. Se wull denn noch vun mi weten, wat ik beruflich maken do –

aver mien Antwurt weer wull so langwielig, dat se blots „anyway“ sä un dormit weer dat Thema dörch. Nele keem mit wat to Drinken un denn hett de Muus ehr na ehr „Work-live-Balance“ fraagt. De is ganz normal, meen Nele. Mal würr se arbeiten, mal harr se frie Tiet. Dat würr sik jümmers so afwesseln. Ahn veel Aggewars. De Muus hett blots nickt un vertell uns denn, dat se sülven total „proaktiv“ weer un dat överhaupt nich kennen deit, keen „To-dos“ mehr op'n Zeddel to hebben. De „Prios“ weern natürlich bannig ünnerschedlich. Man en afsolutes „No-go“ is för ehr, wenn se nich to ehr Workout-Stünnen in'n Fitnessclub kunn. Ofschoonst se würklich total „busy“ is. Aver dat weer ehr „Must-have“ – ahn düsse Tiet würr se ehrn Job gor nich in'e Reeg kriegen. Un wenn se sik mal wat richtig Godes günnen will, denn fohrt se to'n Yoga-Workshop an't Meer. Dor würr se jümmers ganz „clean“ trüchkamen.

Nele kreeg ehrn Mund gor nich mehr to un kunn blots noch sinnig nickköpen. De Muus hett uns angrient. Ik wull jüst ganz wat Klookes seggen, dor bimmel dat Handy in ehr Büxentasch. In nullkommanix harr de Muus dat ut ehr Tasch rutfummelt un meen blots noch, dat se nu en

„Call“ harr. Duersam keek se uns an un weg weer se. Wi kregen blots noch mit, dat se heel luud wat vertell vunwegen: „Ja, ich habe einen Day off“ – aver denn hett se de Döör totrocken.
Nele keek mi lang an. Ehr Schoolfründin harr ehr wull noch extra seggt, dat se veel to „reporten“ harr, aver wi würrn ja man blots de Hälfte dorvun verstahn. Wat verdorrig noch mal will se denn dormit andüden? Ik heff ehr denn fründlich kloor maakt, dat wi dat mit en wichtige Muus to doon hebbt, de in en wichtig Firma arbeiten deit, hüüt aver mal blau maken deit un bavento noch Dag för Dag Sport maakt. Un in ehrn Urlaub liggt se schön an‘ Strand. Un se is sowat vun in‘ „Flow“, dat een ganz swiemelig dorvun warrd. „Anyway“, wi mööt wull blots beter tohöörn.

## Nu maakt doch mal to

Letzten Sünnavend weer ik in‘ Supermarkt. De Laden weer vull un ik harr noch en Barg to beschicken. Nu stünn ik an’e Käsetheek. Vör mi weer tofällig mien Fründin Anna an‘e Reeg. De leet sik in alle Roh de Kääsorten verklaarn. Wo se herkaamt, woveel Fett dor binn is un wie se smecken doot. Blots de Naams vun’e Köh, de wull se nich weten. Ik harr dat Geföhl, dat ik al en halve Stünn töven würr. Denn hett se endlich veer Schieven olen Gouda köfft. Anna hett ok jedeen Tomat drückt, in alle Tietschrifften rümblädert un se hett sik ok noch alle Joghurtdeckel nipp un nau ankeken. Bavento leet se an‘e Kass eenfach ehrn Wagen stahn un hett noch mal en paar Saken uttuuscht. Wi müssen lang op ehr töven, denn se hett ehr övergroot Geldbüdel eerst ut‘e Tasch rutklamüstert, as de Kasseererin trech weer. Dat duerte un duerte. Annas Mann Axel meent ja, dat de mehrsten Fruenslüüd twiefelmödig sünd. De Mannslüüd gaht in en Lokal, kiekt in’e Spieskort rin un bestellt sik wat. Fruenslüüd sünd dor ganz anners. Se leest sik eerst all'ns dörch. Denn överleggt se, wat se an de Bilagen noch ännern köönt un denn entscheedt se sik för de Nummer 62. Aver eerst laat se de annern bestellen. Un bestellt denn op'n Mal de Nummer 28. Is dat Eten op'n Disch, tuuscht se noch mit ehrn Mann, de de Nummer 62 ordert hett. So maakt Anna dat de meiste Tiet, seggt Axel.

Anna weer ok nich in'e Laag, in en Laden to gahn, na en witte Bluus to fragen un se denn flott to köpen. Dorför probeer se alle witten Blusen an un köfft na een Stüünstiet en rode. He kann dat partout nich verstahn. He bruukt blots tein Minuten, wenn he sik en witt Hemd köpen will. Inklusiv Anprobeern.

Ik bün twaars Annas Fründin, aver ik mutt em still un liesen recht geven. Ik weer eenmal mit ehr los, üm Betttüüch to köpen. Ofschoonst ehr al in' eersten Laden wat gefallen hett, müssen wi noch in dree anner Ladens gahn, dormit se ok ganz seker weer. Na twee Stünnen hett se de Bettwäsch ut'n eersten Laden köfft. Achterna stünnen wi en halve Stünn an'e Kokentheke vun en Bäcker. Anna weer sik eenfach nich eens, wat se för en Koken eten wull. De Slang achter uns passde kuum noch in't Geschäft rin. Also heff ik dat för uns beide eenfach bestimmt. Se hett denn örnlich protesteert un för sik en Plummkoken bestellt. Ganz seker un bestimmt. As wi denn endlich an‘ Disch seten un ik mit ehr in aller Roh doröver snaken wull, dat dat so nich wieter geiht mit ehr ewig Hin un Her, dor vertell se mi, dat se sik so över Axel amüseern kann. Siet dree Maande will he sik en nieges Fohrrad köpen, leest jümmerto Testberichte un kiekt sik in Fohrradladens üm. Aver en Fohrrad hett he liekers noch nich. Typisch Mann, hett se seggt. Statts eenfach en Rad to köpen, maakt he dor en Wetenschap ut. Ik keek ehr wat verbaast an vunwegen de letzte Akschoon bi’n Bäcker. Man se hett blots lacht un meen, se würr ja blots entspannt un in Roh inköpen, aver Axel, de kann sik eenfach blots nich entscheiden.

Wat schull ik dor noch seggen? Villicht noch en lütte Bitte: Wenn wi uns dat nächste Mal an’e Supermarktkass draapt, würr ik mi freun, wenn ji jun Geldkniep vörher rutsöken würrn.

# Niege Tasch, nieges Leven?

Nele bruukt en niege Handtasch. Un se hett mi fraagt, ob ik Lust heff, mit ehr in düssen nagelniegen superdullen Taschenladen to gahn. Natürlich heff ik dat daan. In den würklich superdullen Laden hett Nele mi denn nipp un nau beschreven, wat se söcht. En swarte Tasch, groot noog för en Din-A4-Ordner, mit en langen Riemen, tominnst veer Taschen binnen un ut week Ledder. De Verköpersche hett ehr jüst so en Modell bröcht, aver Nele hett dat blots kort ankeken un denn mit de Schullern tuckt. Se wull sik lever sülven ümkieken, meen se un hett de egens perfekte Tasch ahn dat Gesicht to vertrecken an'e Siet stellt. Un denn fung se an to söken. Ik heff in'e Twüschentiet op'n Stohl seten un ehr tokeken. För Lüüd, de noch nienich en Fru bi'n Taschenkoop tokeken hebbt, weer dat, wat hier passeern dä, wull böös narrsch. Jedeen Tasch würr apen maakt, dörchwöhlt, jedeen Rietversluss würr optrocken. Denn hett se sik den Riemen över de Schuller leggt un sik in' Spegel scharp ankeken. Denn hett se de Tasch wedder weghangt un sik de nächste vörnahmen. Twüschendörch heff ik Nele fraagt, ob se denn en ganz bestimmte Vörstellen hett. Nele keek mi blots kunzentreert an. Se weer jüst dorbi, en gröne Wildleddertasch antoprobeern. Sinnig röhr se mit ehr Hand in de Binnentaschen rüm un hett denn tofreden nickköppt. Dor würr twaars keen Din-A-4-Ordner rinpassen, aver sünst föhlte sik dat wull super an. De schull dat nu sien. Dat geiht nämlich jümmers üm dat Geföhl.

En niege Handtasch verännert dat Leven. Een rüümt de ole Handtasch ut un sorteert all'ns ganz akkerat in de niege rin. Un zack – meent een, dat dat Leven nu veel oprümter un schöner warrd. Un twaars op'n Slag. Un dat, ofschoonst Nele na twee Dag markt hett, dat in ehr niege gröne Handtasch keen Platz is för en Din-A4-Ordner un de Waterbuddel will se dor ok nich rinpacken. Dat kunn ja drüppeln un denn weer dat schöne Wildledder ruineert. Aver dorüm geiht dat gor nich. Nu nimmt se de Buddel un den Ordner jümmers ünner'n Arm. Nahsten will se doch noch mal in den Laden, aver in' Momang is se heel tofreden. De perfekte swarte Handtasch, de kann se sik sowieso nich mehr köpen. De heff ik nämlich mitnahmen. Egens heff ik twee grote swarte Taschen. Man veer Innenfächer, dat is eenfach de perfekte Opdelen. Platz för all'ns, wat ik so bruken do. Un dat föhl sik so goot an. Mien ole Taschen sünd so ganz anners opdeelt. Mit düsse Tasch kann ik all'ns berieten, bün jümmers goot utrüst un perfekt organiseert. Mit een Woort: en ganz nieges Levensgeföhl. Mal kieken, wo lang düt schöne Geföhl anholln deit. Wenn dat weniger warrd, denn will ik villicht mal na en rode Tasch söken. Ik glööv nämlich, dat rode Taschen gode Luun maakt. Un wat ik noch seggen wull: Ik heff annerletzt leest, dat en Fru in' Schnitt twölf Handtaschen hett. Dat will ik geern glöven, denn een kann doch jümmerto sien Leven oprümen.

## Dor brukst nich üm to snacken

Annerletzt weer ik op en Seminar. Glieks an'e Döör keem mi en Kollegin in'e Mööt, de en verdammt dullen Hosenantog an harr. Un de stünn ehr ok noch so fein. As ik ehr dat sä, wink se blots af un meen: „Du, dat is en urolen Antog un de Büx is en beten eng wurrn. Aver dat reckt för düsse Veranstalten." Tein Minuten later keem en anner Kollegin. Se harr en niege Frisur. Akkerat sneden, dulle Farv, veel Glanz. As ik ehr schöne Wöör dorto seggt hebbt, dor meen se blots: „Ach ja, de sünd villicht en beten kort wurrn. Un de Farv wascht sik rut." Ik heff nix mehr seggt.
Later denn de nächste komische Situaschoon: Se hebbt en junge Fru för't Tosamenstellen vun verscheden Statistiken löövt un wat seggt se: „Dat is doch ganz eenfach, mit dat richtige Programm hett een so'n Tabell flink torecht. Dat kann doch jedeen." Nu wurr ik aver nadenkern. Worüm, verdorrig noch mal, köönt Fruenslüüd so slecht Kumplimente annehmen?

Bi en britische Studie is rutsuert, dat 35 Prozent vun'e Fruens meist tein Mal an' Dag slecht över ehr Utsehn nasineert. Jedeen föffte Fru geiht nienich ahn Sminke ut Huus un jedeen drütte kann dat nich lieden, vör mehr as fief Lüüd to snacken. Dat is doch wull nich to faten.
Op jüst düt Seminar heff ik en annern Kolleg drapen. De hett nu lange Hoor un süht ut as so'n grieshorig Sänger vun so'n Boygrupp. Un de driggt nu ok keen düster Jacketts mehr sünnern en cremefarben Ledderjack mit bunte Halsdöker. He hett natürlich sofort sehn, dat wi wat verbaast keken, aver he smüster blots un meen, dat sien niege Fründin den niegen Stil sensaschonell finnen würr. Un op Ledderjacken steiht se sowieso. Düsse hier hett twaars 600 Euro kost, man dat würr een ok marken, denn dat is so dulles Ledder. Dor full mi sofort Anna wedder in un ehr niege Schoh. Ik heff ehr seggt, dat de schön utseht. Se vertell denn, dat de en Superschnäppchen weern ut en Schoh-Laden mit Waterschaden. „Blots dörtig Euro", hett se seggt. „Dorüm müss ik de eenfach köpen."
Aver nu mal wedder trüch to mien Boygrupp-Kolleg: He wull foorts all´ns tosamenfaten, wat bi dat Seminar rutsuert is. Sien Begrünnen hett mi

an‘ Besten toseggt: „Wieldat ik dat kann.“ Ik heff mi nu fast vörnahmen, düssen Satz to uns nieges Motto to maken. Wenn uns in Tokunft jichtenseen Honnig üm‘n Boort smeern deit, egal, ob dat nu üm en niege Bluus, üm en niege Frisur oder en grootardige Leistung geiht, denn laat uns man stolt den Kopp hoochböhren un Dank seggen. Blots dat. Keen Verklaarn, keen Trüchholln, keen „ach laat doch“. Wi köönt dat.

# Anner Lüüd anschieten? Ik doch nich!

As Kind kunn ik dat nich utstahn, wenn mi een in'e Pann haut hett. Dat höört sik eenfach nich, anner to verraden. Un de, de dat liekers maakt, de hebbt an't Enn keen Frünn mehr. Dat sünd doch gräsige Minschen, de achter de Gardin huukt un anner Lüüd anschieten, wenn se wat verkehrt maakt hebbt. So dach ik jümmers. Aver je öller ik warr, desto öfter juckt mi dat in'e Finger, düsse dusseligen Lüüd en mittogeven. Dat höört sik wiss slimm an, dat weet ik wull. Aver düsse Gedanken kaamt vun ganz alleen. Natürlich verpetz ik keeneen. Ik will doch nich ganz achter an't Enn vun'e Beliebtheitsskala stahn. Aver de Drift, de is dor. Letzten Sünndag to'n Bispill. Dor weer ik mit Nele in'e Sauna. Wi seten na en Saunagang denn ganz entspannt in' Baadmantel buten op'e Bank. Wi gaht öfters in düsse Sauna. Dor is dat jümmers so wunnerbor ruhig. Dat gifft nämlich en Handyverbot. Dat kann een an de Schiller sehn, de dor överall rümhangt. En Handy, wat dörchstreken is – egens licht to verstahn. Nu seten Nele un ik jüst ganz entspannt op'e Bank, bit uns en överlude, nervige Stimm stört hett. Dor stünn he. Nipp un nau vör'n Rohruum. En Mann ahn Hoor, in' hellbruun Baadmantel, mit Kopphörer un Freisprechanlaag. Ik dach, ik spinn. Kopphörer. In'e Sauna. Ofschoonst dor Handyverbot is. Nele hett blots mit'n Kopp schüddelt, aver ik weer so richtig in Brass un swiester ehr blots to: „Ik hoff, dat dor glieks de Saunaopsicht kümmt." Nele harr de Ogen to un meen blots: „De Spinner." Un dor weer he wedder. Mien Drift, düssen Mann in' hellbruun Baadmantel en mittogeven. Ik rutsch unruhig hin un her un dach mi: Hoffentlich kümmt dor bald de Saunaopsicht. Nele heff ik natürlich nix vun mien drieste Gedanken vertellt. Nu güng he ok noch in den linken Rohruum, dat Telefon an't Ohr. Ik müss mi regelrecht tosamenrieten – un denn seh ik miteens en bannig strenge Mitarbeiterin op em togahn. Aver Schiet ok – se güng in den rechten Rohruum. Se weer doch verkehrt! Se würr den Mann nich wies warrn. As Nele höör, dat ik an't Rümstöhnen weer, hett se sik piel hinsett, mi kort ankeken, denn na vörn keken un luud „Kasperle, Kasperle, dat Krokodil is rechts" ropen.

Natürlich heff ik mi ok amüseert. Ok wenn de

Mann keen Rüffel kregen hett. Ik weer eerst en beten ruhiger, as jüst düsse Mitarbeiterin en anner Krokodil rutsmeten hett, dat ok an't Telefoneern weer. De is tominnst rutflogen. Nele hett mi fraagt, ob ik etwa wat to de Opsicht seggt harr. Dat heff ik natürlich wiet vun mi wiest. Petzen, also, dat is ja wull dat Allerletzte.

## Hart- oder Bregenkrise?

Ik heff den Geburtsdag vun mien Leefsten vergeten. Dat is nich blots ganz leeg, nee, uns Frünn weern deswegen ok ganz verjaagt. Mien Leefsten is sogor to mi kamen un wull mi överraschen – dorbi harr he ja egentlich en Anrecht op Besöök un Geschenke. Dat hett mi natürlich bannig freut un wi harrn ok echt en schönen Nameddag. Wenn dor nich duernd sien Handy bimmelt harr.
Eerst bi den veerten Anroop heff ik klook kregen, dat dor luder Lüüd anrepen, de em graleern wullen. Ik heff mi so schaamt, dat ik meist in Amidam fullen bün. Avends sünd denn noch Frünn vörbikamen. De wussen natürlich, dat mien Leefsten Geburtsdag harr un hebbt em ok flietig graleert. Dat hett mi vun'e Fööt bröcht. Ik söök nu de ganze Tiet na en Verklaarn. Dat is keen Beziehungskrise, ik nehm ok keen Medikamente un ik weet siet Johr un Dag, wann he born is. Worüm is mi dat denn verdorrig noch mal passeert? En möglichen Grund sünd villicht mien Bregenzellen. De sünd so vull mit Informa-

schonen, de keeneen bruken kann, de aver liekers all'ns verstoppt.
Wenn ik bi'n Bäcker stah, denn fallt mi op'n Slag in, dat de Minsch üm un bi 35 000 Plätten in sien Leven eten deit, seh ik en Kinnerwagen, denn weet ik, dat blots fief Perzent vun'e Lütten an' linken Duum lutschen un dat tein Perzent vun alle Kinner glöövt, dat Aanten geel sünd. Jichtenswo heff ik mal leest, dat Dusendbeens maximal 750 Fööt hebben. Ik heff mi ok markt, dat de Italienerin Sara Simeoni bi de Olympiade 1980 in Moskau de Guldmedaille in' Hochsprung wunnen hett un dat de Schlümpfe in ehr Heimat Belgien „Les Schtroumpfs" heet. Düsse Sort vun Informaschoon finndt in mien Kopp jümmers wedder Bregenzellen, de för sowat brennt un de dat wiet un siet afspiekern köönt. Un twaars blots so'n Schiet un Dreck. Oder glöövt ji ernsthaftig, dat ik mit mien unnütz Weten punkten kann? Vunwegen: 8800 Minschen kaamt in en Johr dörch Teenstocher to Schaden oder Mannslüüd fallt öfter ut' Bett as Fruenslüüd? Nee, eben nich. Aver wegen düsse opsleden Bregenzellen vergeet ik den Geburtsdag vun mien Leefsten. Dat is gräsig. Mien Leefsten weer över mien Kumplett-Utfall aver gor nich böös. Em bedüüt sien Geburtsdag

nämlich sowieso nich so veel. Aver mien unnödig Weten, dat will he nich missen. Dorvun hett he al dat een oder anner Mal profiteert. To'n Bispill, dat Lucky Luck al 1983 mit dat Smöken ophört hett. Dat vertellt he jümmers, wenn em de Zigarettenrook stört. Un he hett dat in de letzte Runn vun't Quizduell schafft. Aver blots, wieldat ik den Naam vun Donald Ducks Vadder wüss. De heet nämlich Degenhard Duck...

# Wi parkt beter

Mien Fründin Nele hett sik annerletzt in't Parkhuus mit en Mann in'e Wull kregen. Un twaars so richtig. Se weer noch dull in Brass, as se in't Café rinstörmt is, wo ik op ehr töövt heff. De Mann weer mit sien Geländewagen op'n Fruensparkplatz ropfohrt, eenfach so, ganz driest un vör allen Dingen dörf de dat ja gor nich. Nele hett em natürlich glieks ansnackt. He hett aver op ehrn Satz: „Schönes Auto, junge Frau," ok noch dösig reageert. Vunwegen: Worüm se sik so opregen würr? Se harr doch en normalen Parkplatz funnen. Un bevör Nele so richtig in Fohrt keem, is he eenfach afhaut. Un nu weer se so richtig grandessig. Ik heff ehr seggt, dat ik de Saak mit de Fruensparkplätze sowieso komisch finn. Un worüm sünd de deelwies ok noch breder? Jedeen weet doch intwüschen, dat Fruens goot inparken köönt. Een mutt sik doch blots mal de Statistiken ankieken. Op en Parkplatz in de Neegde vun Mannheim hebbt Hochschoolmitarbeiter en Kamera versteken un de ganzen Parkmanöver opnahmen. Un wat is dorbi rutsuert? Fruens finndt flinker en Parkplatz, wieldat se mit Sinn un Verstand söken doot. Se köönt trüchwarts beter inparken un se staht jümmers schön in'e Mitt vun ehrn Parkplatz.

Mannslüüd sünd dörchweg to snell, fohrt an de eersten frien Plätze vörbi, denn scheet se scharp in de Lück rin un mööt eerstmal rangeern. Dorüm bruukt se üm un bi 20 Sekunnen, de Fruens blots 17. Nele weer hin un weg. Mi wunnert dat ok gor nich, heff ik to ehr seggt, dat de Keerl in dat groot Auto so'n breden Parkplatz bruken deit. De hett doch al noog to doon, wenn he liekut inparken schall. Dat is doch för uns Fruenslüüd Drift noog, jichtenswann in weniger as 17 Sekunnen intoparken. Nele weer intwüschen begööscht. Vör allen Dingen, as ik ehr vertell, dat manke Fruens blots dinkt, se köönt slecht inparken. Dorbi stimmt dat gor nich, hebbt Wetenschapler rutfunnen. Wenn wi mehr Sülvstvertruun harrn, denn kunnen alle Fruenslüüd in 17 Sekunnen inparken.

Nu weern wi beide wedder bester Luun, hebbt uns Koffi betahlt un sünd hin na't Parkhuus gahn. Nele wull mi unbedingt noch den Geländewagen vun den Däämlack wiesen. De Parkplätze för de

Fruens weern direktemang blangen den Ingang. Un se weern örnlich hell, dormit wi Fruens se ok glieks finnen köönt. Villicht schullen wi dor sowieso mal över sineern, ob dat sinnig is, dat jedeen weet, wo wi parkt. Den Keerl, de verkehrt parkt hett, hebbt wi op'n Slag funnen. He stünn mit twee Reifen op'n witten Strich. All'ns kloor. In de Mitt to parken is echt swoor för Mannslüüd. Dat seggt ok de Statistik.

# De eerste Indruck

Mien Fründin Nele hett annerletzt en Vördrag hööört. Dat güng üm dat Thema „Körpersprache“. Se weer hin un weg dorvun un is an‘ tokamen Dag glieks bi mi vörbikamen, üm mi all’ns nipp un nau to vertellen.
Se hett sik so as jümmers op den Sessel hinsett un füng an to vertellen. Ik kunn mi gor nich so recht kunzentreern, wieldat Nele so verdwarst seten hett. So’n beten vörböögt, de Ogen wiet opreten un se fuchtel ok de ganze Tiet mit de Arms rüm as dull. Ik müss ehr denn doch ünnerbreken un fragen, ob ehr wull de Rüch oder de Hüft weh doon würr. Se harr nämlich de Been so appeldwatsch hinstellt. So, as wenn se ehr Gelenke schonen wull. Man se wink blots af un verklaar mi, dat düsse Köperhaltung signaliseern würr: Ik hööör di to, bün apenhartig un interesseert. Vun nu an würr se nienich mehr ehr Been överenanner slaan. Denn dat würr as unfründlich gellen.
Ik heff blots nickköppt un mien Fööt foorts

blangenenanner stellt. Ik bün ja so un so en Minsch, de op anner togeiht. Nele hett denn vertellt, wat se all'ns lehrt hett un hett ok all'ns glieks vörmaakt. Total spannend.
Weet ji to'n Bispill, dat Lüüd, de löögt, sik in't Gesicht rümfuchtelt? Un de Lütten, de hollt sik de Hannen vör'n Mund, wenn se jichtenswat nich vertellen wüllt oder flunkert hebbt. Oder se versteekt eenfach ehr Gesicht achter de Hannen un glöövt, keeneen kann se nu sehn.
Bi mi würr dat wat snaaksch utsehn. Ik stell mi jüst mal dat Gesicht vun mien Leefsten vör, wenn ik em vertell, dat ik sien Arbeitskolleg total nett finn un em geern mal tosamen mit sien Fru to'n Eten inladen würr. Un denn hool ik mi sekunnenlang de Hannen vör mien Mund. Un de Ogen sünd ganz dull to. Also dat würr em doch verdächtig vörkamen.
Un wo wi jüst bi sekunnenlang sünd: Richtig spannend finn ik, dat de eerste Indruck al na 0,15 Sekunnen sitten deit. Dat hett mi echt ümhaut. 0,15 Sekunnen. Dat is ja nix. För den eersten Indruck, de för alle Tieden backen blifft. Dor kann dat passeern, dat en lütt Saak en ganz verkehrtes Bild afgeven deit. En scheve Brill to'n Bispill oder en Pickel oder en Mohnkoorn

twüschen de Tähn. Op de anner Siet kann dat aver ok ganz deenlich ween. Wenn mi nu düsse Arbeitskolleg vun mien Leefsten dat eerste Mal in Gummistevel oder Rietpietsch oder mit gröne Hoor sehn würr un na 0,15 Sekunnen för em fast stahn würr: Bi de will ik nienich to'n Eten kamen – denn weer dat doch gor nich slecht. Denn müss ik mi nu nich duernd in't Gesicht rümfuchteln, wenn he mit sien snaaksche Fru bi uns sitten deit. Ik kunn de Beiden vun Anfang an nich lieden.

# Ohauaha, wenn Oma dat wüss

Ik kann mi noch nipp un nau an de Stimm vun mien Grootmodder besinnen, wenn se en wohrschaut hett vunwegen: „Du büst hier nich tohuus, sett di mal anstännig hin.“ Dat hett se jümmers seggt, wenn wi jichtenswo in’t Lokal weern, to Besöök bi de Navers oder ok blots to’n Ieseten. Wenn een ünnerwegens weer, denn würr sik nich hinflegelt, een durf nich snacken, wenn de Mund vull weer un rümhampeln weer verbaden. Wi müssen uns eenfach benehmen. Dor geev dat keen Lamenteern.

Ik bün richtig froh, dat mien Grootmodder hüüt ganz entspannt op ehr Wulk sitten deit un nich mit mi tosamen Bus un Bahn fohrn mutt. Dor harr se nämlich richtig veel to doon.

Güstern bün ik mit’e Bahn to Anna fohrt. Dat duer so üm un bi twintig Minuten. As ik insteeg, harr sik doch en jungen Mann so richtig op’n Sitz hinlümmelt, de Fööt op’n Sitz lieköver. Ik müss em eerst böös anstieren, bit he de Fööt rünnernahmen hett. Dor müss ik glieks an Oma dinken.

De harr wull mal deep Luft hoolt. De Mann harr ja ok eenfach sien Kuffer vun‘ Sitz blangenbi wegrümen kunnt – aver he nehm lever de Fööt rünner. Mi weer dat schietegal. Nich ganz so egal weern mi allerdings de luud wummernden Basstöne, de ut sien övergroten Kopphörer rutkemen. Nu wull ik aver nich glieks as zickige Ole gellen. Dorüm heff ik nix seggt. (Wobi ik finn, dat wi Mannslüüd mit düsse övergroten Kopphörer ruhig mal vertellen köönt, dat se mit düsse Töllerohrn teemlich alvern utsehn doot. Vör allen Dingen, wenn se en Antog anhebbt.) An de nächste Staschoon müss de Koffer doch weg, denn dor wull sik en Fru hinsetten. De harr chinesisch Eten in en Pappschachtel in’e Hand. Se füng luud an to smatzen un so’n paar vun’e Braadnudeln sünd dorbi ok op’n Boden fullen. As se utstegen weer, rüük de heele Wagen na söötsuer Ente.

Mien Grootmodder weer total baff west.

De nächste Fahrgast weer ok nich beter. De hett sik lässig op’n Sitz smeten un denn mit sien lange Been mien Foot weghaut. Aver glööv nich, dat de sik entschulligt hett. Nee, de hett lever bi Teresa anropen, üm dat Problem vun güstern to bespreken. Wo he doch hier blots rümsitten würr un Tiet harr. Se schull sik man in Tokunft to'n Düvel scheren, wenn se em noch mal fragen würr, wo he west is. He müss teemlich luud snacken, dormit se em verstahn kunn un dat Recht weer ja wull ok op sien Siet. Meen he tominnst. Dorbi hett he al den Müll ut sien Taschen in den övervullen Müllemmer rinstoppt.

Ik heff mien Grootmodder so in' Geist över'n Rüch strakelt un ehr toswietert, dat düsse Lüüd wull alle gor keen egen Tohuus hebben. De wahnt hier bestimmt. Un dorüm benehmt se sik ok so. Ik hoff, se hett mi dat glöövt.

# All'ns mutt rut

Düt Johr is noch ganz frisch un so kann ik mi ok noch jümmers an mien gode Vörsätze besinnen. Nich mehr an alle. Denn en paar hebbt sik al in de eersten Daag as nich machbar rustellt. De heff ik denn ok glieks bit to'n nächsten Johrswessel opschaven. Aver dat gifft noch en paar, de will ik nödig afarbeiten.

Ik heff mi to'n Bispill vörnahmen, de Schuuflaad in mien Schapp to sorteern. De is teemlich deep un breed un dor smiet ik all de Papeere, Breefe un Korten rin, de twaars wichtig sünd, aver nich so wichtig, dat se op'n Slag erledigt warrn mööt. De warrd meisttiets vergeten. Un dorüm heff ik mi vörnohmen, düsse Schuuflaad to sorteern. Naja, as ik al seggt heff: Se is bannig deep un breed un se weer randvull. Ik heff twee Stunnen in so'n Papeerbarg op'n Footbodden huukt un jedeen lütten Zeddel, jedeen Kort un jedeen Ümslag in'e Hand nahmen. Un dorbi heff ik en Barg lehrt.

Punkt een: Ik mutt hoochnödig an mien Handschrift arbeiten. Dor weern twölf Zeddel op den

Papeerbarg mit Telefonnummern un Naams op. Ik kenn aver keeneen, de „Smrovolf" heten deit. Un dorüm bruuk ik ok sien Handynummer nich mehr. Ok „Jrplulö" oder „Mnlopf" höört nich to mien Bekanntenkreis. Aver wat anners kunn ik dor nich rutlesen.

Punkt twee: Ik bruuk in't tokamen Johr nich Wiehnachts- noch Geburtsdagskorten to köpen. Denn ik schriev ja nienich Korten un wenn doch, denn heff ik in düsse Schuuflaad noch 28 wunnerbore Korten liggen.

Punkt dree: Ik tuusch nix üm. Dorüm bruuk ik de doren Kassenzeddel ok nich optobewohrn. De meisten Kassenzeddel sünd bavento vun Saken, op de ik mi gor nich mehr besinnen kann.

Punkt veer: Ik warr nie mehr Gootschiens verschenken. Miendaag nich mehr! Denn villicht krieg ik denn ok keen mehr schenkt. De bruuk ik eenfach nich. Ik heff nämlich noch so vele, dat ik dat ganze Johr dormit tobringen mutt, se intolösen. Dat gifft blots een Problem: Veer vun de Lokale, för de ik en Gootschien heff, de existeert gor nich mehr. Oder ik mutt an't anner Enn vun'e Stadt fohrn, üm en Maniküre to kriegen. Ik heff ok noch en Gootschien för en Adventsgesteck, ik kann en thailännischen Kaakkurs maken, mi en

Tatoo utsöken, ik kann dree Mal in'e Oper gahn un ik kann mi vun en Chinesen masseern laten. Man de wahnt middewiel al wedder in China. Dat is wull doch en beten wiet.

Punkt fief: Ik warr mien Besteck in düsse Schuuflaad rinpacken. Un ik warr alle Zeddel, de ik in Hannen krieg, stantepee wegsmieten. Denn mutt ik mi nämlich nienich mehr so dösige Vörsätze vörnehmen.

# Wat geiht jüst in dien Kopp vör?

An't Wekenenn heff ik mien Öllern besöcht. As wi in de Köök weern, is Vadder kort rinkamen, hett sik kommodig op de Arbeitsplatt stütt un ut' Finster keken. Seggt hett he nix. Mien Modder hett em denn en Tietlang tokeken. Man denn tipp se em an' Arm un meen: „Wat geiht di denn in Kopp rüm?".
Miteens dreih sik Vadder to mi üm, keek mi eernst an un sä: „Dat is de Fraag, de ik överhaupt nich lieden kann un ik kann dor siet 57 Johr nich eenmal Antwurt op geven."
Dat weer doch mal en Snack. Mien Modder nehm em dat överhaupt nich krumm. Se dreih sik ok to mi hin un meen, dat se de Fraag „Wi heet de noch mal" partout nich af kann. Nu kaam blots nich op de Idee, dat de beiden sik as dull in'e Hoor kregen hebbt. Dat weer to'n Glück nich so.
Mi wunnert aver würklich, dat düsse verdorrigten Fragen so vele Generaschonen överduern köönt. Schient so, as wenn ok mien Leefsten nix dörch'n Kopp geiht, wenn he twintig Minuten dumm

steiht un ut‘ Finster kieken deit. Dorför vergitt he alle Naams, de ik em vertell. Ik kann den Satz „So wat hest du doch al“ nich lieden. Oder „kann een dat miteten?“. „Is dat nieg?“ fraagt he mi geern bi ole Kledaasch. Un de Fraag „Hest du mi dat al mal vertellt“ kenn ik ok to üm to goot.

Mien Vadder un mien Leefsten fraagt ok to geern: „Hest du den Slötel?“ – sachts, wieldat Fruenslüüd jümmers de Dören eenfach so toballern un nienich mehr alleen in’t Huus rinkaamt.

Mien Modder harr ok noch en paar slimme Snacks op Lager: „Nu kaam doch mal op’n Punkt“, „Wat wüllt wi hüüt eten“ oder „Wat gifft dat dor to lachen?“. Man ok mien Vadder hett noch en paar bistüert: „Bün ik di to dick?“, „Fallt di wat op?“ un „Wat maakst du in‘ Momang?“.

Dat is ja nich to glöven. Ik heff all düsse Sätze ok al mal höört un ik heff all düsse dusseligen Fragen ok al sülven stellt. Wi hebbt nix lehrt, gor nix. Dor mutt mien Vadder 57 Johr lang lieden vunwegen en so’n dummerhaftig Fraag. Un verdammig noch mal: Mien Modder hett noch nienich in ehr Leven ehrn Slötel vergeten un sik utsparrt. Un dat hett ok noch nienich en anstännig Antwurt op en vun düsse Fragen geven – liekers överduert düsse dösigen Snacks Generaschonen.

Villicht warrd dat eerst ophooln, wenn jichtenseen Mann endlich Mal an wat dinkt, wenn he ut' Finster kieken deit. Oder wenn jichtenseen Fru mal ganz fix op'n Punkt kamen würr bi't Vertellen un se alle Naams so kloor un düütlich optellt, dat ehr Mann sik dat ok för alle Tiet marken kann. Aver bit dat sowiet is, hebbt wi wull noch en langen Weg vör uns. Deit mi leed, Papa, man dor muttst du dörch.

# Leev-Süseln

Ik heff mi annerletzt an't Telefon en Hotelzimmer reserveert. As ik denn an de Rezeption stünn, sä de fründlich Daam: „Ach ja, ehr Mann hett anropen." Hett he nich, dach ik so bi mi, heff aver lever nix seggt. Denn dat passeert mi öfter. Ik heff nämlich an't Telefon en Stimm as en Keerl. Jüst so geiht dat ok Nele. En Handwarksbedriev hett ehr letzte Week trüchropen vunwegen en Termin. De nette Klempner hett eerst Dag seggt un wull denn ehr Fru spreken. De harr ja üm en Anrop beden. Nele hett so doon, as harr se sik verköhlt un müss hosten. Egens heff ik mi doröver noch nienich vele Gedanken maakt. Uns Stimmen sünd nu mal deep un männichmal ok wat ruug. Dat is nu mal so. Man nu hett Nele en Artikel vun engelsche Forscher leest. De hebbt ünnersöcht, wat för'n Wirkung uns Stimm hett. Dorto müssen sik tein Mannslüüd in en Ruum hinstellen un sik achterenanner Fruens anhöörn, de jümmers densülvigen Satz seggt hebbt. Mit verscheden Stimmfarven, verscheden Luudstärken un ver-

scheden Utdruck. Se kunnen de Fruens natürlich nich sehn, blots höörn. Nu schullen de Mannslüüd se na Attraktivität, Sympathie un Charakter sorteern. Tja, nu fang mal an to spekuleern, wat dorbi rutsuert is. Ik will di geern en Tipp geven: Nele is nu klipp un kloor, worüm se Single is un mien Stimm reckt ok blots för en Leev in'e Feern.
Dat Resultat weer nämlich, dat Mannslüüd Fruens besünners schön un söötsnutig funnen, wenn se mit en hoge Stimm fien swiestert hebbt. Mit Töne as sweven Engels un so sachten, as dat blots Fruens köönt. Un wat is de Grund för düt Urdeel vun'e Mannslüüd? Natürlich de Deerten. De föhlt sik nämlich total seker, wenn se anner Deerten mit hoge Stimmen höört. Denn de liesen Geegners sünd tomeist duuksch un minnermächtig. So en Erdhörnchen is natürlich gegen en Lööv sünner Gefohr. Un överhaupt nich bedrohlich. Nu weern wi beide uns eens, dat Fruens ut düssen Grund mit ganz hoge Stimm vertellt, wenn Mannslüüd in de Neegde sünd. Un dat se in korte Tiet vun en deep Lachen in en hoges Huucheln wesseln köönt. Se wüllt, dat de Mannslüüd sik seker föhlt. Üm denn achterran mal so richtig op'n Putz to haun. Nele hett batz

togeven, dat se dorvun bitlang nix ahnt hett un dat se dat ok total ünnerschätzt hett. Se will nu an ehr Stimmfarv arbeiten. Dat is doch würklich to üm to argerlich, dat jedeen Mann glieks bang is, wenn se den Mund opmaken deit. Un dat blots, wieldat se en deepe Stimm hett un en smerig Lachen. Dat geiht nich. Mi hett se den Tipp geven, mit mien Leefsten an't Telefon mehr rümtosüseln. Denn ok an en Fernbeziehung müss een arbeiten. Man goot, dat wi düssen Artikel leest hebbt. Un bitte acht ji ok dorop, fien un süselig to snacken. Denn klappt ok de Rest.